Melanie und Theresa Rauscher
Klostermühle Altenmarkt

Großes Oberpfälzer Kochbuch

So schmeckt's dahoam!

GROSSES OBERPFÄLZER KOCHBUCH

SO SCHMECKT'S DAHOAM!

MELANIE UND THERESA RAUSCHER | KLOSTERMÜHLE ALTENMARKT

BUCH- UND KUNSTVERLAG OBERPFALZ

Bibliografische Information der Deutschen Nationalbibliothek

Die Deutsche Nationalbibliothek verzeichnet diese Publikation in der Deutschen Nationalbibliografie; detaillierte bibliografische Daten sind im Internet über http://dnb.dnb.de abrufbar.
ISBN 978-3-95587-097-3

MIX
Papier aus verantwortungsvollen Quellen
FSC® C014138

Für uns, die Battenberg Gietl Verlag GmbH mit all ihren Imprint-Verlagen, ist Nachhaltigkeit ein wichtiger Teil unserer Unternehmensphilosophie. Daher achten wir bei allen unseren Produkten auf den Einsatz umweltschonender Ressourcen und Materialien.
Dieses Buch wurde auf FSC®-zertifiziertem Papier gedruckt. FSC (Forest Stewardship Council®) ist eine nicht staatliche, gemeinnützige Organisation, die sich für die verantwortungsvolle und ökologische Nutzung der Wälder unserer Erde einsetzt.

Unsere Partnerdruckerei kann zudem für den gesamten Herstellungsprozess nachfolgende Zertifikate vorweisen:
- Zertifizierung für FOGRA PSO
- Zertifizierungssystem FSC®
- Leitlinien zur klimaneutralen Produktion (Carbon Footprint)
- Zertifizierung EcoVadis (die Methodik besteht aus 21 Kriterien in den Bereichen Umwelt, Einhaltung menschlicher Rechte und Ethik)
- Zertifikat zum Energieverbrauch aus 100% erneuerbaren Quellen
- Teilnahme am Projekt „Grünes Unternehmen" zum Schutz von Naturressourcen und der menschlichen Gesundheit

Fotos: Holzhintergrund Adobe Stock (dmitr1ch)

überarbeitete 2. Auflage 2024
ISBN 978-3-95587-097-3

www.battenberg-gietl.de
Layout: Regina Schindler

VORWORT

MELANIE RAUSCHER

THERESA RAUSCHER

„Wie schmecken Ihre Erinnerungen?“ Dies fragen wir gerne unsere Gäste, Kunden und Schüler, und erleben, dass Essen und kulturelle Identität eng zusammengehören! *„Am liebsten war mir da Oma ihr Zwirl, a Weiße Suppn von früher oder de guaden Germknödel …!“* So schwärmen viele und bejammern gleichzeitig fehlende Rezepte!

Die Passion, alte (Koch-)Traditionen fortzuführen, beschäftigt uns schon lange. Die Klostermühle Altenmarkt – ein ländliches Kulturzentrum, eingebettet in einer denkmalgeschützten Mühle, gelegen am Stadtrand von Cham, ist für uns nicht nur eine Lebensaufgabe, sondern gemeinsam haben wir diese mit viel Herzblut zu einer Stätte für Begegnungen und traditionellen Genuss entwickelt!

Ein Bauernladen mit Produkten, die ausschließlich aus der Region stammen, eine Gaststätte, die nach Vorbestellung große oder kleine Feiern ausrichtet und ausschließlich alte Oberpfälzer Kochkunst bietet, sowie unterschiedliche Seminarräume, welche im historischen Ambiente zum Verweilen, Entspannen oder Tagen einladen.

Über Jahre haben wir in historischen Kochbüchern gestöbert, sind durch die Oberpfalz gefahren und haben Rezepte dokumentiert. All diese Arbeit fügt sich schlussendlich in das „Große Oberpfälzer Kochbuch“, mit rund 200 Rezepten und Ideen, zusammen. Es zeigt, dass die Küche unserer Oberpfälzer Mütter und Großmütter sich gemäß dem rauen Klima, den steinigen Böden der Landwirtschaft, den Wäldern, Gärten, Flüssen und Teichen entwickelte. So verstanden es die Hausfrauen damals, mit den Erträgen der Natur überaus kreative und abwechslungsreiche Gerichte zu zaubern, um alle satt zu machen.

Taucht mit uns ein in die Welt des Oberpfälzer Genusses und habt viel Freude am Nachkochen der zahlreichen Rezepte!

INHALTSVERZEICHNIS

GRUNDLEGENDES

Für das ganze Kochbuch gilt:

Die Zutaten für die Gerichte im Kochbuch sind, soweit nichts anderes angegeben ist, für vier Personen berechnet.

SYMBOLE IM KOCHBUCH:

Küchentipps oder besondere Varianten

Typisch für die Oberpfalz

Vegane Gerichte

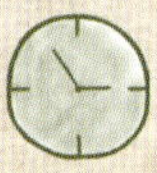

Schnelle Zubereitungszeit

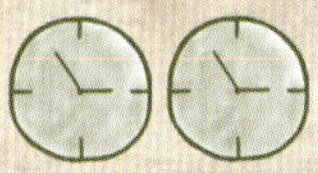

Mittlere Zubereitungszeit

Aufwendige Zubereitung

ABKÜRZUNGEN:

g = Gramm	kg = Kilogramm
TL = Teelöffel	EL = Esslöffel
ml = Milliliter	l = Liter

KARTOFFELSCHNECKEN
REZEPT SEITE 88

SUPPEN

Wenn wir heute von Suppen reden, meinen wir meist eine Vorspeise oder den Zwischengang eines mehrgängigen Menüs. Als klare fleischige oder vegetarische/vegane Brühe mit Einlagen oder Schaumsüppchen aus Gemüse mit Milchprodukten verfeinert.

Bei unseren Oberpfälzer Großeltern gab es die Suppe oft zu jeder Mahlzeit: Eine stärkende Morgensuppe mit Milch oder Buttermilch, dazu Brot; mittags eine Gemüsesuppe vor und zur Mehlspeise; abends die warme Kartoffelsuppe zur Sättigung. Ein abendliche Brotzeit, mit reichlich Wurst oder Käse, gab es früher nicht. Ebenso wenig wurden die Suppen mit Crème fraîche oder Sahne verfeinert, eventuell kam etwas Rahm in die Terrine oder den Teller. Auch Fertigsuppen gab es zu Großmutters Zeiten überhaupt nicht.

Ernährungsphysiologisch wertvoll war und ist die Suppe zur Deckung des täglichen Flüssigkeitsbedarfes. Ein passender Ausspruch dazu ist dieser:

De stirkst Suppn is d'Wassersuppn, des Wasser treibt sogar de Mühlradl o!

Zu besonderen Anlässen gab es auch aufwendigere Suppen wie zum Beispiel die Houzatsuppn – eine gute Fleischbrühe mit verschiedenen Suppeneinlagen.

In wohlhabenden Oberpfälzer Küchen wurden auch ausgefallene Zutaten wie Austern oder Safran verarbeitet, so enthält die Regensburger Domherrnsuppe drei Dutzend Austern, drei Rutten und zwölf Krebse sowie „guten Rheinwein".

Verwertet wurde von der sparsamen Oberpfälzerin im Suppentopf so einiges. Selbst Vögel und sämtliche Schlachtteile – daraus machte man Milzsuppe oder Hirnstriezel und viele andere Kreationen. Durch dörfliche Kommunbrauereien und damit verfügbares Bier entwickelten sich ebenso einige Biersuppen-Rezepte. Da diese Rezepte, unserer Meinung nach, wenig praktiziert werden, haben wir auf den Abdruck hier verzichtet. Wir geben sie auf Nachfrage jedoch gerne weiter!

Eine schöne Besonderheit, die wir hier noch erwähnen wollen, ist die Glückssuppe – damit ist keine Speise gemeint, sondern der Besuch des frisch verheirateten Paares im Elternhaus der Braut zum sonntäglichen Festmahle kurz nach der Hochzeit!

SUPPENGRUNDSTOCK

700 g Gemüse
nach Belieben:
Zwiebel, Weißkraut, Sellerie, Pastinaken, gelbe Rüben, Petersilienwurzel, Knoblauch,
1 Bund frische Kräuter, je nach Jahreszeit
100 g Salz

Die Paste kann für eine längere Haltbarkeit getrocknet werden.

Gemüse und Kräuter waschen, schälen und zerkleinern. Mit Salz vermengen und alles mit geeigneter moderner Küchentechnik oder dem Fleischwolf zu einer feinen Würzpaste verarbeiten. In saubere Gläser abfüllen und im Kühlschrank aufbewahren; dort ist sie bis zu 6 Monate haltbar.

Der Suppengrundstock ist eine fertige Würzmischung und kann wie gekörnte Brühe oder Brühwürfel verwendet werden.

WURZELWERK

Das Wurzelwerk, welches bei Suppen, Soßen oder Braten häufig benötigt wird, ist sozusagen die Grundlage des Suppengrundstockes. Bestehend aus Sellerie, gelben Rüben, Lauch, Zwiebeln, Petersilienwurzel, Knoblauch etc. bringt es den Gerichten den guten Geschmack.
Für die besondere Würze empfehlen wir die Zugabe von frischen Kräutern, insbesondere von Liebstöckel bzw. Maggikraut.

Im Herbst erntete die Oberpfälzer Hausfrau ihren Wurzel- und Kräutergarten ab, zerkleinerte alles und drehte es durch den Fleischwolf. Mit Salz vermengt wird es haltbar. Anschließend füllte sie die Masse in ein Tongefäß, bewahrte es an einem kühlen Ort auf und verwendete es in den Wintermonaten als Gewürzmischung. Im Sommer dienten frische Kräuter (Liebstöckel, Majoran, Petersilie usw.) als Würze.

KLARE FLEISCHBRÜHE

20 g Pflanzenöl
500–750 g Suppenfleisch oder -knochen
2 l Wasser
Wurzelwerk
Salz
Pfefferkörner
2–3 Lorbeerblätter
2 Gewürznelken

Wurzelwerk waschen und grob zerkleinern. Gemüse und Fleisch in heißem Fett anbräunen, mit Wasser aufgießen, Gewürze hinzugeben und ein bis zwei Stunden köcheln lassen. Anschließend die Suppe abseihen und mit Suppengrundstock (siehe Seite 12) oder frischen Kräutern abschmecken.

KLARE GEMÜSEBRÜHE

20 g Pflanzenöl
WURZELWERK:
1 Zwiebel
1 Knoblauchzehe
2 gelbe Rüben
1 Petersilienwurzel
1 kleiner Lauch
½ Sellerieknolle

2 l Wasser
Salz
Pfefferkörner
Lorbeerblätter

Wurzelwerk waschen und grob zerkleinern.
Das Gemüse in heißem Fett anbräunen, mit Wasser aufgießen, Gewürze hinzugeben und ein bis zwei Stunden köcheln lassen.
Anschließend die Suppe abseihen und mit Suppengrundstock oder frischen Kräutern abschmecken.

Die klare Fleischbrühe und die klare Gemüsebrühe dienten als Basis und wurden je nach Anlass mit passenden Einlagen verfeinert. Bei den Suppeneinlagen sind der Kreativität und Küchenkunst grundsätzlich keine Grenze gesetzt.

WASSERSCHNALZN

Fleisch- oder Gemüsebrühe

EINLAGE:
4 Zwiebeln
2–3 EL Öl
Schwarzbrot

Fleisch- oder Gemüsebrühe wie erwähnt zubereiten. Zwiebeln in feine Ringe schneiden, mit Öl in einer Pfanne scharf anbraten und mit vorgekochter Fleisch- oder Gemüsebrühe aufgießen. Suppe abschmecken und mit einer dünnen Schwarzbrotscheibe servieren.

VARIANTE:

1 Ei in eine Tasse schlagen, etwas heiße Suppe dazugeben und kurz aufschlagen. Dies in die heiße Suppe geben und aufkochen lassen. Bei den Oberpfälzern war diese Variante als Einlaufsuppe bekannt.

BROTSUPPN

Fleisch- oder Gemüsebrühe

EINLAGE:

300 g altbackenes Brot
1 Zwiebel
2–3 EL Öl

Fleisch- oder Gemüsebrühe wie erwähnt zubereiten. Zwiebel und altbackenes Brot anrösten, dies mit heißer Fleisch-, Gemüsebrühe oder mit der Wasserschnalzn aufgießen. Die Suppe abschmecken und servieren.

ZWIRLSUPPN

Fleisch- oder Gemüsebrühe

EINLAGE:

3–4 EL Mehl
1 Ei
Ca. 100 ml Wasser
Salz
Zwiebel oder Schnittlauch

Fleisch- oder Gemüsebrühe wie erwähnt zubereiten. Mehl, Ei und Salz werden mit Wasser zu einem zähflüssigen Teig vermengt. Den Teig in die vorbereitete, kochende Brühe gießen, die Flöckchen schwimmen sofort oben. Zwiebel in Ringe schneiden und scharf anbraten, Schnittlauch klein schneiden, Suppe vor dem Servieren damit garnieren.

Spricht man in der Oberpfalz vom „Doag“, dann ist vom hochdeutschen Teig die Rede.

GSCHNINA-DOAG-SUPPN

Fleisch- oder Gemüsebrühe

EINLAGE:
60 g Mehl
1 Ei
Salz

Fleisch- oder Gemüsebrühe wie erwähnt zubereiten. Mehl, Ei und Salz verkneten und anschließend dünn ausrollen. Die Teigplatte kurz antrocknen lassen, ausrollen und feine Streifen/Nudeln davon abschneiden. Die selbst gemachten Nudeln in die vorbereitete kochende Brühe einlegen.

EIERKAS-SUPPN

Fleisch- oder Gemüsebrühe

EINLAGE:
⅛ l Milch
3 Eier
Salz
Muskat

Fleisch- oder Gemüsebrühe wie erwähnt zubereiten. Eier mit Milch, Salz und Muskat schaumig rühren, anschließend in eine gefettete, feuerfeste Form oder Schüssel füllen. Die Eiermasse über dem Wasserbad oder im Rohr stocken lassen. Anschließend werden daraus Würfel oder Streifen geschnitten und zur fertigen Brühe gegeben.

GRIESSNOCKERL-SUPPN

Fleisch- oder Gemüsebrühe

VARIANTE:
Der Teig kann mit frischen Kräutern wie Petersilie, Schnittlauch oder Bärlauch verfeinert werden. Für eine ganz besondere Note können dem Grießnockerlteig auch Zitronenzesten zugegeben werden.

EINLAGE:
25 g Butter
1 Ei
50 g Grieß
Muskat
Salz

Fleisch- oder Gemüsebrühe wie erwähnt zubereiten. Alle Zutaten zu einem weichen Teig verrühren, mit zwei Teelöffeln die Nockerl formen und sofort in die kochende Brühe einlegen. Diese darin 20 Minuten ziehen lassen.

PFANNKUACHA-SUPPN

Fleisch- oder Gemüsebrühe

EINLAGE:
125 g Mehl
2 Eier
⅛ l Milch
Salz

Öl
Schnittlauch

Fleisch- oder Gemüsebrühe wie erwähnt zubereiten. Aus den Zutaten der Einlage einen flüssigen Pfannkuchenteig bereiten. Den Teig in einer heißen Pfanne mit etwas Öl zu dünnen Pfannkuchen ausbacken. Diese danach aufrollen und in dünne Streifen schneiden.
Zur fertigen heißen Brühe geben und mit Schnittlauch garnieren.

Damals gab es sehr ausgefallene Suppeneinlagen wie Knochenmark, Hirn, Milz und Brie. All diese Zutaten wurden bei der Schlachtung nicht weggeworfen, sondern dienten als nahrhafte Einlagen in Brühen und wurden weiterverarbeitet zu Bavesen, Knödel oder Striezel. Heute wird das nur noch sehr selten praktiziert, da der Verzehr von Innereien nicht überall großen Anklang findet!

LEBERKNÖDERL-SUPPN

Fleisch- oder Gemüsebrühe

EINLAGE:
200–250 g Leber
3 EL Butter
1–2 Eier
60 g Semmelbrösel
Salz, Pfeffer
Majoran
Zitronenabrieb
½ Zwiebel
Petersilie

Fleisch- oder Gemüsebrühe wie erwähnt zubereiten. Butter schaumig rühren und mit passierter Leber, Salz, Pfeffer, Majoran, Zitronenabrieb, Eiern, gehackter Petersilie, fein gewürfelter Zwiebel und Semmelbröseln vermengen. Masse an einem kühlen Ort etwas ruhen lassen und anschließend daraus kleine Knödel formen. Diese in die kochende Brühe einlegen und für etwa 20 Minuten sieden lassen.

Typisch für die Oberpfalz ist die Amberger Peterlesuppe, bei dieser Suppe wird nur Petersilie verwendet und mit Eigelb legiert. Die wohl bekannteste Kräutersuppe ist die Gründonnerstagssuppe – eine grüne Suppe zum Einläuten der Ostertage.

WILDKRÄUTERSUPPN

(Neun-Kräuter-Suppn)

- 2 große Kartoffeln
- 1 Zwiebel oder Lauch
- 1 Knoblauchzehe
- Etwas Öl
- Großer Bund Wildkräuter
- Etwas Schwarzbrot
- Etwas Sahne/Milch
- Salz, Pfeffer

Zwiebel und Knoblauch würfeln, Kartoffeln schälen, waschen und ebenfalls würfeln.
Zwiebel oder Lauch, Knoblauch und Kartoffeln in einem Topf mit heißen Öl anschwitzen lassen, alles mit Wasser ablöschen.
Suppe kochen lassen, bis die Kartoffeln weich sind, nun die fein geschnittenen Kräuter zugeben, kurz mitkochen lassen und alles pürieren. Vor dem Servieren abschmecken, wahlweise mit Sahne oder Milch verfeinern, anschließend mit frischen Kräutern und essbaren Blüten servieren.

WILDKRÄUTER:
Hier kann alles verwendet werden, was im Garten oder auf der Wiese Saison hat und schmeckt, wie zum Beispiel Brennnessel, Giersch, Gundermann u.v.m. Die Kraft der Natur nutzen!

AUFGSCHMALZNE KARTOFFELSUPPN

20 g Öl
600 g Kartoffeln
Wurzelwerk
1¼ l Wasser
Salz, Pfeffer
Etwas Sahne
1 Zwiebel
Öl oder Schmalz

Wurzelwerk (siehe Seite 61) klein schneiden, Kartoffeln waschen, schälen und in Würfel schneiden. Alle Zutaten im Fett andünsten, mit Wasser aufgießen und köcheln lassen. Die Suppe vor dem Servieren etwas zerstampfen und ggf. mit Sahne und Gewürzen abschmecken.
Zum Garnieren die Zwiebel in feine Ringe schneiden und in einer extra Pfanne anrösten. Erst beim Servieren in die Suppe streuen.

GRIEBNE KARTOFFELSUPPN

Fleisch- oder Gemüsebrühe

EINLAGE:
2–4 rohe Kartoffeln
Salz, Pfeffer
Majoran, Muskat
Frische Kräuter
1 Ei nach Belieben

Fleisch- oder Gemüsebrühe wie erwähnt zubereiten. Über die kochende Brühe ein Reibeisen legen und die gewaschenen, geschälten Kartoffeln hineinreiben.
Die Suppe nun gut durchkochen und zuletzt mit Gewürzen und frischen Kräutern abschmecken. Nach Belieben kann die Suppe vor dem Servieren noch mit einem Ei legiert werden.

Die Kartoffelsuppe – ein wahrer Klassiker der Oberpfälzer Küche. Es gibt sie in allen Variationen, ganz egal ob vegan, vegetarisch oder mit angebratenen Speckwürfelchen. Je nach Geschmack wird die Suppe püriert oder doch stückig gegessen.

AUFGSCHMALZNE KARTOFFELSUPPN

WEISSE SUPPN

(Milchsuppe)

Wasser zum Kochen bringen. Mehl, Salz und Buttermilch verrühren, in das kochende Wasser einrühren und aufkochen lassen.
Nach Belieben wird die Suppe mit Sahne, Sauerrahm, Dickmilch oder Butter verfeinert. Serviert wird sie mit gekochten Kartoffel- oder Schwarzbrotwürfeln.

½ l Wasser
½ l Buttermilch oder Vollmilch
40 g Mehl
1 TL Salz
Gekochte Kartoffel
Schwarzbrot
Sahne oder Sauerrahm

Je nach Region oder Gegend hat jeder Hof und jeder Haushalt seine eigene Variante der „Weißn Suppn".

FEINE GRAUPENSUPPN

Fleisch- oder Gemüsebrühe

EINLAGE:
125 g Graupen oder Grieß
1 Ei
Etwas Sahne
Salz, Pfeffer
Suppengrundstock
Kräuter

Klare Fleisch- oder Gemüsebrühe zubereiten. Graupen oder Grieß in Butter rösten, mit der fertigen Brühe aufgießen und langsam zart weich kochen. Das Ei verquirlen und mit der Sahne in die nicht mehr kochende Suppe einrühren, anschließend abschmecken.
Suppe mit frischen Kräutern anrichten.

VARIANTE:

Graupen oder Grießsuppe verfeinern mit Gemüse wie Blumenkohl, Schwammerln oder gemischten Wildkräutern. Dies vorbereiten, klein schneiden und in der Suppe garen, bis die Einlage bissfest ist.

FEINE GRAUPENSUPPN

Durch Weglassen von Ei und Sahne kann die Suppe auch sehr leicht und schnell vegan zubereitet werden.

SCHWEINEBRATEN
REZEPT SEITE 61

FISCH, FLEISCH & SOSSEN

Fleisch und Fisch waren für den Oberpfälzer in der früheren Zeit nicht alltäglich. Sowohl fehlende Kühl- und Gefriermöglichkeiten als auch finanzielle Gründe machten es den einfachen Leuten unmöglich, zu jeder Mahlzeit Fleisch, Wurst oder Fisch zu verzehren. Doch ist die damalige Armut eigentlich genau das, was im Sinne der Ernährungswissenschaft und Nachhaltigkeit richtig ist!

In den Wintermonaten, wenn geschlachtet wurde, gab es frisches Fleisch. Durch Pökeln oder Räuchern wurde das wertvolle Gut haltbar gemacht, um auch nach Monaten noch von den schmackhaften Lebensmitteln profitieren zu können. Die Leute waren äußerst sparsam, und deshalb wurden stets alle Teile des Tieres verwendet; so findet man in alten Kochbüchern viele Rezepte wie Hirnbavesen, gefüllte Milz, gespicktes Herz und einiges mehr. Im vorliegenden Kochbuch übernehmen wir exemplarisch zwei Leberrezepte, gerne geben wir auf Nachfrage andere spezielle Zubereitungsarten von Innereien weiter, welche wir über die Jahre aus historischen Oberpfälzer Kochbüchern gesammelt haben.

Als fester Bestandteil im Jahresablauf waren die Schlachtfeste immer zu hohen Festtagen wie Weihnachten und Ostern geplant. Für andere besondere Festlichkeiten wurden gerne Wildtiere wie Hasen oder Rehe geschlachtet, aber auch Kleintiere und Geflügel standen auf dem Speiseplan. Die Seen und Teiche wurden im Herbst, zur Allerweltskirwa, abgefischt. Für uns aus Tierschutzgründen mittlerweile unvorstellbar, wurden früher hingegen auch Tiere wie Biber oder diverse Singvögel zu Gulasch oder Braten verarbeitet. Auch Flüsse und Teiche waren mit ihren Tieren ebenso wichtig für die Versorgung der Bevölkerung. Bis heute ist vor allem in der nördlichen Oberpfalz die Fischzucht eine wertvolle Quelle für besten Süßwasserfisch in vielfacher Zubereitungsform!

WALLER

in Kräutersoße

- 1 – 1 ½ kg Waller
- Essig, Wasser
- Salz, Pfeffer
- Fischgewürz
- 2 EL Butter
- Mehl
- Etwas Rahm
- ½ Zitrone
- Weißwein
- Frische Kräuter

Waller in gleich große Stück zerlegen, im Fischsud aus Essigwasser, Salz und Fischgewürz bei leichter Hitze 15 Min. durchgaren.
Inzwischen aus Butter und Mehl eine weiße Schwitze vorbereiten, mit etwas Fischsud und Rahm aufgießen und mit Zitronensaft, Salz, Pfeffer, Weißwein und gemischten Kräutern abschmecken. Den Fisch in der Soße noch kurz erhitzen, jedoch nicht mehr kochen. Mit Salzkartoffeln servieren.

Hierzulande ist der Waller ein gängiger Begriff für den Fisch, der ursprünglich als Wels bezeichnet wurde.

FORELLE

in Wurzelsud

3–4 ganze Forellen
FÜR DEN FISCH:
¼ l Wein
¼ l Wasser
1 Stange Lauch
2 gelbe Rüben
½ Knolle Sellerie
½ Zwiebel
FÜR DAS GEMÜSE:
¼ l Wein
¼ l Wasser
3 EL Sauerrahm
Butter
Zitrone
Salz, Pfeffer

Forellen vorbereiten und mit Wasser und Wein in einem Topf gar kochen. Anschließend die Fische herausnehmen und filetieren.
Gemüse in feine Streifen schneiden und ebenfalls in Wasser und Wein (= Gemüsefond) bissfest kochen.
Die filetierten Fische und das gar gekochte Gemüse mit etwas Gemüsefond und Sauerrahm in eine Auflaufform geben und für etwa 10 Minuten im Backofen bei 150° C erhitzen.
Den Fischfond mit Butter, Gewürzen und Kräutern fein abschmecken, gegebenenfalls mit etwas Mehl oder Stärke binden.
Fisch mit Gemüse und Soße servieren.

GESPICKTER HECHT

1 großer Hecht
125 g Speck
Salz, Pfeffer, Paprikapulver
1 Zitrone
1 Zwiebel
1 EL Butter
¼ l Rotwein
1 Eigelb
⅛ l Sauerrahm
50 g gestiftelte Mandeln
1 EL Mehl

Hecht waschen und filetieren; Speck in feine Streifen schneiden und den Fisch damit umwickeln; Fisch mit den Gewürzen und Zitronensaft auf beiden Seiten einreiben, anschließend etwas ruhen lassen.
Inzwischen Zwiebel klein schneiden und in Butter in einem Bräter andünsten. Hecht dazugeben und beidseitig anbraten. Fisch mit Rotwein übergießen und 20 Minuten dünsten lassen.
Eigelb und Rahm vermengen, über den Hecht gießen. Mandeln darüberstreuen und Fisch im Rohr bei 180° C für 15 Min. überbacken.
Rotweinsoße vor dem Servieren mit Mehl etwas andicken, mit Zitronensaft süßsauer abschmecken. Dazu Kartoffelpüree und Salat servieren.

HECHTENKRAUT

500 g Hechtfleisch
500 g Sauerkraut
Butter oder Öl
1 Tasse Sauerrahm
2 EL Semmelbrösel

Hecht in einer Pfanne mit etwas Öl anbraten, anschließend filetieren.
Feuerfeste Auflaufform einfetten, schichtweise mit dem gekochten, sehr gut abgeschmeckten Sauerkraut und dem vorbereiteten Hecht befüllen.
Auf die oberste Schicht den Sauerrahm streichen sowie Butterflöckchen und Semmelbrösel geben.
Nun wird das Hechtenkraut im Backrohr bei 180° C für 20–25 Min. goldgelb gebacken.

GESPICKTER HECHT

ZANDER

in Weißwein mit Schwammerl

- 1 Zander
- ⅛ l Weißwein
- 1 Zitrone
- Salz, Pfeffer, Zucker, Muskat
- 500 g frische Pilze
- 1 Eigelb
- 1 TL Stärkemehl
- Petersilie

Zander waschen und in Scheiben, die zwei Finger breit sind, zerlegen, Pilze ebenso vorbereiten und in Scheiben schneiden.
Fischstücke und die vorbereiteten Pilze in einem Sud aus Weißwein, etwas Wasser, Salz, Muskat Zitronenscheiben und Zucker erhitzen und darin 5 bis 10 Minuten garen lassen.
Die garen Zanderscheiben aus dem Sud nehmen und auf eine Servierplatte geben. Eigelb mit Stärkemehl und etwas Wasser vermengen und in den Sud einrühren, sodass eine Soße entsteht. Diese abschmecken und über den heißen Zander gießen.

ZANDER

nach Bauernart

1 Zander
100–150 g Speck
1 Zwiebel
Salz, Pfeffer
1 Zitrone
¼ l Weißwein
Etwas Wasser
1–2 EL geriebener Meerrettich
Zucker

Zander vorbereiten und in Stücke schneiden. Anschließend mit Zitrone, Salz und Pfeffer würzen und kalt stellen.
Speck und Zwiebel klein schneiden und in einer Pfanne gut anschmoren. Darauf die Zanderstücke legen, mit Wein-Wasser-Gemisch aufgießen und den Fisch für 10–15 Min. darin dämpfen.
Sobald dieser fertig ist, den Zander auf eine Platte legen. Die Soße mit Meerrettich, Salz und etwas Zucker abschmecken.

BLAUGESOTTENER KARPFEN

1 kg Karpfen
¼ l Essig
3 l Wasser
Salz, Pfefferkörner
1 Zwiebel, besteckt mit Nelken
1 Zitrone

Karpfen waschen und halbieren, anschließend mit Essig begießen, kalt stellen und 30 Min. ruhen lassen.
Aus den restlichen Zutaten einen Sud zubereiten und zum Kochen bringen, den Karpfen einlegen und darin für 15 Min. gar ziehen lassen.
Anschließend den gegarten Karpfen vorsichtig aus dem Sud nehmen und anrichten.

KARPFEN

in der braunen Soß'

2 kg Karpfen
Wurzelwerk
Etwas Essig und Wasser
20 g Butter
2 Zwiebeln
2 EL Zucker
½ Zitrone
¼ l Weiß- oder Rotwein
50 g Lebkuchen oder Schwarzbrot
2 EL Rosinen
2–3 Mandeln

Geputzten Karpfen in 6–8 gleich große Stücke teilen und in leichtem Essigwasser, mit viel fein geschnittenem Wurzelwerk (Seite 61) ca. 25 Min. vorsichtig gar dünsten.
Zwiebeln in feine Ringe schneiden und anschließend mit Butter und Zucker goldgelb anbraten. Karpfen aus dem Sud nehmen und diesen abgegossenen Sud zu den angebräunten Zwiebeln geben, mit Zitronensaft, Wein und geriebenen Lebkuchen oder Schwarzbrot würzen. Die Soße kurz aufkochen lassen und vor dem Servieren mit Rosinen und Mandelstiften verfeinern.
Soße wird über den Karpfen gegossen.

KARPFEN IN DER
BRAUNEN SOSS’

GEBACKENER KARPFEN

1 Karpfen
Salz, Pfeffer
1 Bund Kräuter
100 g Mehl
1–2 EL Öl
½ TL Paprikapulver
1 Glas Bier
1 Ei
Fett
Zitrone

Fisch säubern, in gleich große Stücke teilen und so viele Gräten wie möglich entfernen, mit Zitronensaft etwas säuern und mit Salz, Pfeffer und Kräutern würzen.
Mehl, Öl, Salz, Paprikapulver, Eigelb und Bier vermengen, Eiweiß steif schlagen und unterheben. Den fertigen Backteig etwas ruhen lassen. Die Karpfenstücke im Bierteig wenden und in der Pfanne mit Öl für 10–15 Min. goldgelb ausbacken.

Serviert wird der Fisch mit dem Oberpfälzer Kartoffelsalat (Seite 89) und Zitronenscheiben. Dazu passt ein selbst gemachter Kräuterdip (Seite 49), abgeschmeckt mit reichlich frischen Kräutern.

KRENFLEISCH

Ca. 1 kg Rinderbrust
2 Zwiebeln
2 Knoblauchzehen
Salz
Pfefferkörner
Lorbeerblätter
Reichlich Wurzelwerk

Die Zwiebeln in grobe Würfel schneiden, Knoblauch fein hacken. In einem Topf wird Salzwasser mit den genannten Gewürzen sowie Zwiebel und Knoblauch zum Kochen gebracht.
Anschließend wird das Fleisch hinzugegeben; man lässt es bei kleiner Hitze 2 bis 3 Stunden ziehen.
Eine halbe Stunde vor Ende der Garzeit wird das fein geschnittene Wurzelgemüse (siehe Seite 61) hinzugegeben und bissfest gekocht.
Das Fleisch wird in feine Scheiben geschnitten, dazu reicht man eine Krensoße (Seite 70).

Ist hierzulande von Kren die Rede, meint der Oberpälzer damit den Meerrettich.

Als Stück vom Ochsen bietet sich hier am besten das Schweifstück oder das Rosenstück an.

OCHSENFLEISCH

mit Bier

- Ochsenfleisch
- 2 Karotten
- 6 Pfefferkörner
- Salz
- 1–2 Flaschen Bockbier
- 3 Zwiebeln
- 2 Knoblauchzehen

Zwiebel in Würfel schneiden, Karotten schälen und in kleine Stücke schneiden, Knoblauch fein hacken.
Das Fleisch salzen und mit dem fein geschnittenen Gemüse und den Pfefferkörnern in einen Topf geben. Das dunkle Bockbier darübergießen, sodass das Fleisch bis zur Hälfte mit Bier bedeckt ist.
Den Topf zudecken und bei kleiner Hitze 2 bis 3 Stunden das Fleisch langsam weich dämpfen.
Das Ochsenfleisch wird in feine Scheiben aufgeschnitten. Einen Teil des Gemüses aus der Soße sieben, den Rest mit pürieren. Anschließend die Soße fein abschmecken.

WALDMEISTERBRATEN

1 kg Lende
Wurzelwerk
Fett
200–300 ml Rotwein
3–4 Bündel Waldmeister
Mehl

Das Lendenstück mit dem vorbereiteten Wurzelwerk (Seite 61) von allen Seiten braun anbraten. Anschließend alles mit Rotwein aufgießen.
Den Waldmeister hinzugeben und das Fleisch in der Rotwein-Waldmeister-Soße bei mittlerer Hitze für 30–40 Min. garen.
Das gegarte Lendenstück aus der Soße nehmen und aufschneiden. Die Soße nach Belieben mit Mehl binden und mit den Bratenstücken servieren.

GEDÜNSTETER RINDSBRATEN

Ca. 1 kg Rindsbraten (Lende)
500 g Wurzelwerk
Salz
Pfeffer
Rapsöl
Wasser

Wurzelwerk vorbereiten und klein schneiden, das Fleisch würzen, mit dem Wurzelwerk (Seite 61) bedecken und über Nacht kühl stellen.
Am nächsten Tag das Fleischstück in einem Bräter mit genügend Öl scharf anbraten, das Wurzelwerk erneut dazugeben und mit etwas Wasser das Ganze ablöschen.
Das Fleisch für 40–50 Min. bei kleiner Hitze braten lassen, bis es zart und weich ist.
Wurzelwerk und Bratensaft pürieren, fein abschmecken und falls nötig noch etwas binden.

RINDSWICKELBRATEN

1 kg Nierenzapfen
Salz, Pfeffer
Paprikapulver
1 große Speckscheibe
Fett
1 Zwiebel
Pfefferkörner
Lorbeerblätter
Zitrone
Fleischbrühe
100 ml saurer Rahm

Nierenzapfen klopfen und anschließend die Innenseite mit Salz, Pfeffer und Paprikapulver würzen. Das Fleisch so fest wie möglich aufrollen und außenherum mit einer großen, dünnen Speckscheibe umwickeln. Die Fleisch-Speck-Rolle mit einem Bindfaden zusammenbinden.
Das Fleisch nun etwas ruhen lassen und dann scharf auf allen Seiten anbraten. Dazu gibt man die restlichen Gewürze, nach Belieben auch ein paar Speckwürfel und die gewürfelte Zwiebel. Mit einigen Schöpflöffeln Fleischbrühe und saurem Rahm wird das Fleischstück abgelöscht. Das Fleischstück noch in der Soße 10–15 Min. ziehen lassen, bis es gar ist.
Bindfaden entfernen und das Fleischstück in dünne Scheiben schneiden.

RINDERFILETBRATEN

mit Quitten

1 kg Rinderfilet
Salz, Pfeffer
100–125 g Schinken/Speck
100 g Schmalz
200 ml Rotwein
Zucker
2 Quitten

Filet mit Salz und Pfeffer würzen, mit Speckstreifen spicken und in eine Auflaufform legen. Fett in einer Pfanne erhitzen und über das Filetstück gießen, dieses dann anschließend in das heiße Backrohr geben und bei 80–100° C für ca. 1 Std. braten.
Quitten entkernen und in feine Stücke schneiden, diese in einem Topf mit Wasser 20–30 Min. bissfest garen. Anschließend in einer Pfanne kurz karamellisieren.
Nach dem Garen das Filetstück in feine Stücke schneiden. Vom Bratensatz das überschüssige Fett abgießen, den Rest mit Rotwein, Salz, Pfeffer und etwas Zucker abschmecken.
Die Filetstücke mit den karamellisierten Quitten und der Soße anrichten.

OBERPFÄLZER BOEUF À LA MODE

1 kg Schweifstück vom Rind
Salz, Pfeffer
Piment, Paprikapulver
Wurzelwerk
1 Stück Schwarzbrotrinde
½ l Essig oder Rotwein
Fett
Mehl
Etwas Zucker

Fleisch mit Salz, Pfeffer, Piment und Paprikapulver einreiben, zusammen mit dem klein geschnittenen Wurzelwerk (Seite 61) und der Brotrinde bedecken. Mit Essig oder Rotwein (= Beize) aufgießen und für einen Tag an einem kühlen Ort ziehen lassen.

Anschließend wird das Fleisch in Fett angebraten, mit der Beize, dem Gemüse und Brot abgelöscht und so für ca. 3 Std. weich gekocht.

In einem separaten Topf wird eine goldbraune Einbrenne aus Fett, Mehl und Zucker hergestellt. Das Fleisch abseihen, das Gemüse und die Beize pürieren und zur Einbrenne geben. Diese schmeckt man süß-sauer ab. Das Fleisch wird in Scheiben geschnitten und mit Knödeln, Spätzle oder Schoppala sowie der Soße serviert.

OBERPFÄLZER KÜMMELFLEISCH

1 Stück Ochsenbrust (mager)
300 ml dunkles Bier
100 g Speckscheiben
Salz, Pfeffer
Fett
Wurzelwerk
50 g Kümmel
Nelken
Wasser

Fleisch gut klopfen, in eine Schüssel geben und mit dunklem Bier übergießen. 2 Tage kalt stellen und Fleisch in der Beize ziehen lassen.
Fleisch aus der Beize nehmen, gut abtrocknen, würzen und mit Speckstreifen bespicken.
Anschließend das Fleisch in einer Pfanne mit Fett von allen Seiten scharf anbraten.
Wurzelwerk (Seite 61), Kümmel und Gewürznelken zugeben, mit Wasser oder Gemüsebrühe ablöschen und bei 180° C im Backrohr für ca. 2 Std. fertig braten lassen.
Das Gemüse aus der Soße nehmen; wenn nötig, diese noch binden.

SCHNITZ

1 kg Rinderbrust
2 Stangen Lauch
500 g Karotten
½ Sellerieknolle
Butter
Ca. 1 kg Kartoffeln
Fleischbrühe
Salz, Pfeffer
Knoblauch
Beliebige Kräuter/Wildkräuter

Lauch, Karotten und Sellerie in dünne Streifen schneiden und in Butter garen. Rohe Kartoffeln waschen, schälen und in Scheiben schneiden; Fleisch in Streifen schneiden. Beides in einem Topf mit Fleischbrühe und Gewürzen für ca. 30 Min. schmoren. Kurz vor Ende der Garzeit das schon gegarte Gemüse zugeben, alles vermengen und bei geringer Hitze fertig schmoren lassen.
Der Eintopf wird zuletzt mit reichlich Kräutern bestreut.

HASCHEE

1 EL Fett
1 – 2 EL Mehl
Fleischbrühe
1 Zwiebel
1 Lorbeerblatt
1 Zitrone
Ca. 500 g kalter Braten
Salz, Pfeffer
Wurzelwerk
Etwas Sauerrahm

Mehl in heißem Fett hellbraun anrösten, mit etwas Brühe ablöschen. Zwiebel, Lorbeerblatt und geriebene Zitronenschale zugeben.
Kalten Braten in feine Stücke schneiden, Salz, Pfeffer, Zitronensaft sowie Wurzelwerk (siehe Seite 61) zugeben und alles für 15 Min. durchkochen lassen.
Kurz vor Ende der Garzeit den Sauerrahm hinzugeben, das Lorbeerblatt herausnehmen und das Haschee kräftig abschmecken.

Früher gab es Fleisch nur an Sonn- oder Feiertagen. Es war äußerst wertvoll, weswegen aus allen Resten noch feine Gerichte gezaubert wurden, wie beispielsweise dieses Haschee.

OBERPFÄLZER
FLEISCHSTRUDEL

OBERPFÄLZER FLEISCHSTRUDEL

250 g Mehl
4 Eier
¼ l Milch
Salz, Pfeffer
Zwiebel, Knoblauch
350 g kalter Braten
Fett
Petersilie
Semmelbrösel
Fleischbrühe

Aus Mehl, 3 Eiern, etwas Milch und Salz einen glatten Pfannkuchenteig rühren und daraus ca. 4 bis 5 dünne Pfannkuchen backen.
In der Zwischenzeit den kalten Braten sehr fein schneiden oder durch den Fleischwolf drehen. Anschließend mit den Gewürzen und der fein gehackten Zwiebel in der Pfanne schmoren lassen. Mit etwas dunkler Schwitze (Fleischbrühe, Rezept siehe Seite 14) ablöschen.
Diese dickliche Fleischsoße wird auf die Pfannkuchen verteilt, und anschließend werden diese zusammengerollt.
Die Enden gut verschließen, so dass nichts herausfällt.
Die Fleisch-Pfannkuchen nun in Ei, Mehl und Bröseln panieren und in schwimmendem Fett ausbacken.

Serviert wird das Gericht mit Salat und einem Quarkdip.

WILDKRÄUTER-QUARKDIP

250 g Speisequark
100 g Frischkäse
1 Zwiebel
1 Knoblauch
Etwas Milch oder Mineralwasser
Verschiedene Kräuter
Essbare Blüten
Salz, Pfeffer

Zwiebel, Kräuter und Knoblauch fein würfeln und anschließend alle Zutaten zu einem sämigen Dip rühren. Fein, würzig abschmecken und nach Belieben mit essbaren Blüten garnieren.

KALBFLEISCH-VORESSEN

(Frikassee)

100 g Butter
100 g Mehl
1 Zwiebel
Wasser
750 g Kalbfleisch (gekocht)
1 Lorbeerblatt
2 Nelken
1 Zitrone
3 EL Weißwein
Salz, Pfeffer
Schlagrahm

Rezept aus der Chamer Gegend. Voressen ist ein anderes Wort für Frikassee oder Ragout.

Helle Einbrenne aus Butter, Mehl, gehackter Zwiebel und etwas Wasser zubereiten.
Diese gut durchkochen und das in kleine Streifen geschnittene Fleisch zugeben. Lorbeerblätter, Nelken, Zitronensaft und Weißwein ebenfalls hinzugeben.
Kurz vor dem Anrichten alles mit Salz und Pfeffer abschmecken, bei Belieben kann etwas Schlagrahm hinzugegeben werden.

ABGEBRÄUNTE KALBSHAXE

Etwas dickere Kalbshaxe
Wasser
1 Ei
Salz, Pfeffer
Semmelbrösel
Fett

Kalbshaxe in Salzwasser für ca. 1 Std. nahezu weich kochen, Wasser abgießen und Haxe abtupfen.
Haxe mit reichlich Fett in eine Reine geben und mit Salz, Pfeffer würzen und mit zerklopftem Ei bestreichen, Semmelbrösel darübergeben.
Bei 180° C im Ofen nochmals für ca. 30–40 Min. langsam goldbraun backen.

ABGEBRÄUNTE
KALBSHAXE

LEBERVÖGEL

500 g Kalbsleber
Pfeffer, Salz
Salbeiblätter
Speckscheiben
Butter
Zitronensaft

Leber waschen, Teile, die zwei Finger breit und einen Finger lang sind, schneiden. Pfeffer darüberstreuen, mit Salbeiblättern und Speckscheiben umwickeln und mit einem Bindfaden zusammenbinden.
Anschließend in einer Pfanne mit ausreichend Fett die Leberstücke 15 Min. braten, währenddessen immer wieder mit Butter übergießen.
Vor dem Servieren die Lebervögel mit Salz bestreuen, den Faden entfernen, mit Zitronensaft beträufeln und samt Speck servieren.

Zu den Lebervögeln passen als Beilagen karamellisierte Äpfel und Zwiebeln sowie ein einfacher Erdäpfelstampf (Seite 85).

KRAUT-AUFLAUF

1 Kopf Weißkraut
400–500 g gemischtes Hackfleisch
Salz, Pfeffer
Thymian, Paprika
Suppenwürze
1 Zwiebel
1 Ei
Semmelbrösel
Etwas Milch
Butter
200 g Streukäse
100 g Sauerrahm

Äußere große Blätter des Krautkopfes abblättern, diese in Salzwasser für 10 Min. weich kochen. Hackfleisch gut mit Salz, Pfeffer, Thymian, Paprika, Suppengewürz und gehackter Zwiebel abschmecken, ebenso Ei, Semmelbrösel und Milch zugeben und den Teig gut durchkneten. Auflaufform fetten und abwechselnd eine Schicht Krautblätter und Hackfleisch einschichten.
Die oberste Schicht soll ein Krautblatt sein und kann nach Belieben mit Sauerrahm bestrichen oder mit gebräunter Zwiebel und Käse bestreut werden.
Den Auflauf im Backrohr bei 180° C goldbraun für 45 Min. backen und mit Tomatensoße servieren.

REGENSBURGER KOTELETTS

REZEPT FÜR 1 PERSON

1 Schweinskotelett (pro Person)
Salz, Pfeffer
Fett
½ Apfel
Weißwein
1 EL Preiselbeeren
1 EL Meerrettich
1 EL Schlagrahm
1 EL Weinbrand

Menge der Personenzahl anpassen.
Koteletts von Knochen befreien, mit Salz und Pfeffer würzen und von beiden Seiten in der Pfanne goldbraun anbraten.
Äpfel halbieren und das Kernhaus entfernen, in etwas Weißwein für ca. 10–15 Min. zart dämpfen (Vorsicht, sie sollten nicht zerfallen). Meerrettich und Preiselbeeren vermengen und in die Apfelhälften füllen, diese auf die fertigen Koteletts setzen. Darüber etwas steifen Schlagrahm und Weinbrand geben.

SAURES SCHWEINEFLEISCH

750 g mageres Schweinefleisch
40 g Fett
1 Zwiebel
2 Karotten
1 Stange Lauch
½ Tasse Essig
Salz, Pfeffer
Versch. frische Kräuter

Fleisch waschen und mit den in Scheiben geschnittenen Zwiebeln, Karotten, Lauch und Fett in gut 1 Liter Wasser geben. Dies außerdem kräftig mit Essig, Salz, Pfeffer und Kräutern würzen und für ca. 1 Stunde kochen lassen. Nach Ende der Garzeit das Fleisch aus dem Wasser nehmen und in Scheiben schneiden. Darüber werden das Gemüse und die Soße gegossen.

REGENSBURGER KOTELETTS

SCHWEINEBAUCH

in Eiersoße

½ kg Schweinebauch
Salz, Pfeffer
Kümmel
1 Zwiebel
1 Ei

Schweinebauch in kochendes Wasser geben, Salz, Pfefferkörner, klein geschnittene Zwiebel und etwas Kümmel dazugeben. Bei mittlerer Hitze für ca. 1 Std. kochen lassen, bis das Fleisch gar ist. Topf vom Herd nehmen, das Fleisch aus dem Sud nehmen, das Ei verquirlen und in die mittlerweile stark eingekochte Soße geben.
Fleisch wird in Scheiben geschnitten und mit der Eiersoße übergossen.

Dazu schmeckt am besten der Kartoffel-Dotsch, siehe Seite 83.

GERÄUCHERTES WAMMERL

mit Linsen

500 g geräuchertes Wammerl
250 g Linsen
500 ml Wasser
1 Zwiebel
Salz, Pfeffer
1 EL Fett
1 EL Mehl

Linsen über Nacht in Wasser einweichen lassen. Anderntags die gehackte Zwiebel mit Öl anbraten, Mehl dazugeben und eine braune Einbrenne machen. Mit Wasser aufgießen, Salz und Linsen zugeben, bei kleiner Hitze das Fleisch darin für 30–40 Min. gar kochen.

GEFÜLLTE SCHWEINSROULADEN

¾ kg Wammerl
Senf
Salz, Pfeffer
500 g Sauerkraut
1–2 Äpfel
Fett

Vom Wammerl 1 cm dünne Scheiben abschneiden, klopfen, mit Senf bestreichen, salzen und pfeffern.
Sauerkraut mit geriebenen Äpfeln aufkochen lassen und damit die Wammerl-Scheiben befüllen. Fleischstücke aufrollen und mit einem Bindfaden oder Klammern befestigen.
In einer Pfanne mit Fett von allen Seiten goldbraun anbraten lassen. Die Temperatur etwas reduzieren und die Rouladen für 20–30 Min. garen lassen.

SCHWEINSHAXEN

mit Rübenkraut

1 kg weiße Rüben
Salz
1 l Wasser
3–4 Schweinshaxen
1 EL Mehl
1 Zwiebel
Etwas Fett
Schnittlauch

Rüben fein hobeln, etwas Wasser und Salz zugeben. Dazu gibt man die gewaschenen und an der Seite eingeschlitzten Schweinshaxen, diese zugedeckt bei mittlerer Hitze ca. 1 Stunde kochen lassen. Falls nötig, alles mit etwas Fleischbrühe aufgießen. Nach Ende der Garzeit das Rübenkraut mit Mehl etwas eindicken. Zwiebel in Ringe schneiden und schön braun anbraten. Alles zusammen servieren.

GEFÜLLTE
SCHWEINSROULADEN

Am besten schmecken die Bratenstücke, wenn sie in einem Holzofen schmoren.

KLASSISCHER SCHWEINEBRATEN

1 kg Schweinehals
oder beliebige andere
Bratenstücke
Salz, Pfeffer
Majoran
Kümmel

WURZELWERK:
1 Zwiebel, 1 Knoblauchzehe,
1 Karotte, ½ Sellerie und
½ Stange Lauch

Das Fleisch mit den Gewürzen einreiben und am besten über Nacht durchziehen lassen.
Den Braten mit dem Wurzelwerk in eine Reine geben und bei 180 – 200° C im Backofen langsam goldbraun und knusprig braten.
Zwischendurch nach Belieben mit Wasser, Brühe oder etwas Bier aufgießen, das Fleisch öfter wenden. Die Bratzeit beträgt je nach Fleischgröße 2 – 3 Stunden.
Je nach Geschmack die Soße entweder pur verwenden, das Wurzelwerk dazu pürieren oder mit einem Mehlteiglein binden.

VARIATIONEN:
Um dem Schweinebraten einen gewissen Pfiff zu verleihen, kann zum Braten etwas Brotrinde oder Soßenlebkuchen gegeben werden.

GOCKERL

im Bett

1 Gockerl
Salz, Pfeffer
Paprika
4 Semmeln
3 Eier
200 ml Sahne
1 Zwiebel
Petersilie

Rezept stammt aus der Waldmünchner Gegend, Landkreis Cham.

Gockerl halbieren und mit den angegebenen Gewürzen würzen, auf ein Blech legen und knusprig backen.
In der Zwischenzeit aus den gegebenen Zutaten einen Semmelteig zubereiten. Dazu die Semmeln in Sahne und dem Eigelb einweichen. Zwiebel würfeln, Petersilie klein schneiden, dies in einer Pfanne leicht anschwitzen und zur Semmelmasse geben. Eiweiß steif schlagen und unter die Masse heben. Die Masse nun etwas würzen.
Die fast garen Gockerlhälften vom Blech nehmen, den Bratenfond zum Semmelteig geben und die vermengte Masse in eine Reine oder tiefe Pfanne streichen. Die Gockerl nun in „das Bett", also die Masse, setzen und für ca. 25 Minuten im Backrohr bei 180° C fertig garen lassen.
Das Gericht mit einem bunten Salat servieren.

HÄHNCHEN

mit Schwammerl

1–2 Hähnchen
Salz, Pfeffer
Paprikapulver
1 Zwiebel
Knoblauch
½ Tasse Öl
1 Tasse Wasser
300 g Schwammerl
Sahne nach Belieben

Hähnchen vierteln, mit Salz, Pfeffer und Paprikapulver würzen. Zwiebel und Knoblauch fein hacken und in Öl anbraten, Hähnchen dazugeben, von allen Seiten scharf anbraten, mit Wasser aufgießen und dann für ca. 15–20 Min. bei schwacher Hitze durchgaren.
Vor Ende der Garzeit die geputzten und geschnittenen Schwammerl zugeben und einige Minuten mit garen. Zum Schluss alles gut abschmecken und würzen. Nach Belieben zum Abschmecken etwas Sahne dazugeben.

ENTE

mit Schwarzbrotfülle

1 Ente
2–3 Scheiben Schwarzbrot
1 Apfel
1 Kartoffel
Salz, Pfeffer
Beifuß
Fett
Wasser

Brot, Apfel und Kartoffel in kleine Würfel schneiden. Nun die Kartoffel in etwas Wasser bissfest kochen.
Inzwischen die Brotwürfel in einer Pfanne kurz anrösten, dann zu den Kartoffel- und Apfelwürfeln geben und alles würzen.
Ente gut würzen und mit der vorbereiteten Füllung füllen. In eine Auflaufform geben und im Backofen bei 150–180° C für ca. 2 Std. garen.
Die Ente während der Garzeit immer wieder mit etwas Wasser übergießen.

REHSCHLEGEL

mit Thymian

1 kg Rehschlegel
100 g Speck
Salz, Pfeffer
Thymian
Wurzelwerk
Butter
200 ml Rotwein
200 ml Wasser
1 TL Senf
Pfefferkörner
3 Nelken
Zitronen- und Orangenschale
1 EL Preiselbeeren
1 Lorbeerblatt
¼ l Sahne

Rehschlegel mit Speck spicken, mit Thymian, Salz und Pfeffer würzen.
Das Fleisch in einer Auflaufform mit Butter und Wurzelwerk (Seite 61) scharf anbraten und später mit Wasser und Wein aufgießen.
Preiselbeeren und die restlichen Gewürze zugeben und für ca. 2 Stunden im Backofen bei 180° C braten lassen.
Nach Ende der Garzeit wird das Fleisch aus der Auflaufform genommen und in dünne Scheiben geschnitten.
Aus der restlichen Flüssigkeit wird unter Zugabe von Rahm die Soße hergestellt. Nach Belieben kann diese noch angedickt und würzig abgeschmeckt werden.

REGENSBURGER WILDTOPF

600 g Ragoutfleisch
(Hirsch, Reh, Hase)
100 g Speck
1 – 2 Zwiebeln
Salz, Pfeffer
Majoran
1 TL grüne Pfefferkörner
Zucker
200 ml Rotwein
4 Karotten
4 Kartoffeln
2 Essiggurken
Sauerrahm oder Buttermilch
Petersilie

Ragoutfleisch würfeln, mit klein geschnittenem Speck und Zwiebelringen anbraten.
Alle Gewürze (Salz, Pfeffer, Majoran, grünen Pfeffer, Zucker) zugeben, mit Rotwein ablöschen.
Essiggurken, Kartoffeln und Karotten in kleine Streifen schneiden und zum Ragout geben.
Alles langsam bei geringer Hitze für ca. 1 Std. fertig garen. Mit Sauerrahm oder Buttermilch und Petersilie abschmecken.

REHSCHULTER

mit Steinpilzen

1 kg Rehschulter
Salz, Pfeffer
Butter
½ kg Steinpilze
Zwiebeln
2 Wacholderbeeren
2 – 3 Pfefferkörner
Sauerrahm

Rehschulter vom Knochen lösen mit Salz und Pfeffer würzen, auf der Innenseite mit Butter bestreichen.
Steinpilze vorbereiten, schneiden und in einer Pfanne mit Zwiebelringen weich dünsten.
Die gedünsteten Steinpilze auf die Innenseite der Rehschulter geben und anschließend die Schulter aufrollen, mit einem Bindfaden zusammenbinden und mit Zwiebeln, zerdrückten Wacholderbeeren, Pfefferkörnern und Sauerrahm in einem Topf für ca. 1 Std. langsam weich schmoren. Immer wieder mit etwas Wasser aufgießen.
Nach der Garzeit wird die Roulade in schöne Scheiben geschnitten und mit der Sauerrahmsoße übergossen.

REGENSBURGER WILDTOPF

HASENRÜCKEN

mit Dörrzwetschgen

1 Hasenrücken
100 g Speck
Salz, Pfeffer
Fett
Zwiebel, Knoblauch
Wurzelwerk
100 g Dörrzwetschgen
2 EL Johannisbeersaft

Hasenrücken mit Speck spicken und mit Salz und Pfeffer kräftig würzen. Reichlich Fett in eine Auflaufform geben, von allen Seiten den Hasenrücken scharf anbraten und mit Wasser aufgießen. In die Auflaufform zusätzlich grob geschnittenen Zwiebel, Knoblauch, Wurzelwerk (Seite 61) und die entsteinten Dörrzwetschgen geben.
Bei 180° C lässt man den Braten im Ofen für ca. 1 Std. garen.
Nach Ende der Garzeit kann die Soße mit Johannisbeersaft abgeschmeckt und nach Belieben eingedickt werden. Das mitgekochte Wurzelwerk entweder in die Soße pürieren oder herausnehmen.

GEBACKENES GAHSLA

(Zickel, Zicklein)

1 kg Zickleinfleisch
Salz, Pfeffer
Lorbeerblatt
1 l Wasser
Zwiebel, Knoblauch
Wurzelwerk
Fett
Paprikapulver
3 Eier
Etwas Mehl
Semmelbrösel
Petersilie oder Kerbel

Die Fleischteile des jungen Zickleins in einem Sud aus Wasser, Salz, Pfeffer, Lorbeerblatt, Zwiebel, Knoblauch und gehacktem Wurzelwerk (Seite 61) garen.
Anschließend die gegarten Teile mit Salz, Pfeffer und Paprikapulver würzen und in verquirlten Eiern, Mehl und Semmelbröseln wenden und panieren. Die panierten Fleischteile kurz in Fett goldbraun ausbacken. Petersilie oder Kerbel darüberstreuen.

REHLEBER

mit Reherl (Pfifferlingen)

- **¾ kg Rehleber**
- **Mehl**
- **Butter**
- **Salz, Pfeffer**
- **1 Zwiebel**
- **Ca. 500 g Reherl (Pfifferlinge)**
- **Petersilie**
- **Sahne oder Buttermilch**

Leber waschen, trocknen und in gleich große, fingerdicke Streifen schneiden. Mit Mehl bestreuen und in Butter rasch für 10–15 Min. braten, bis sie goldbraun ist. Anschließend etwas salzen und warm halten.

In das Bratfett gibt man bei mittlerer Hitze die fein gehackten Zwiebeln und die Pfifferlinge, lässt alles kurz garen und braun werden. Petersilie, Sahne/Buttermilch dazugeben und fertig garen lassen. Mit Salz und Pfeffer abschmecken.

Auf die Reherlsoße gibt man die fertigen Leberschnitzen.

SAURE BRÖIH

¼ l Essig
Salz, Pfeffer
½–1 Zwiebel
1 Lorbeerblatt
Nelken
1 EL Butter oder Öl
1 EL Mehl

Dazu passen: Kartoffelgerichte, gebackene Nudeln, Wild-/Rindgerichte.

Mehl zusammen mit Butter und den Zwiebelwürfeln in einem Topf zu einer goldgelben Einbrenne verarbeiten. Mit Essig aufgießen und mit den angegebenen Gewürzen schmackhaft abschmecken.

KRENBRÖIH

(Meerrettichsoße)

1 Stück Meerrettichwurzel/ Kren
1 EL Butter
1 EL Mehl
Etwas Fleisch- oder Gemüsebrühe
2 EL Mandeln, fein gerieben
½ Apfel
Salz, Pfeffer
Muskat
Zucker

Mehl zusammen mit Butter in einem Topf erhitzen und zu einer goldgelben Einbrenne zubereiten. Mit Milch oder Brühe ablöschen, fein geriebene Mandeln, geriebenen Meerrettich, gehackten Apfel und alle Gewürze zugeben.
Je nach Belieben kann die Soße durch Zugabe von Flüssigkeit noch flüssiger gemacht oder mit Sahne verfeinert werden.

Je nach Gegend wird die Soße unterschiedlich scharf, milder, dicker oder dünner zubereitet und zu Kartoffeln, Knödeln oder Ähnlichem gegessen.

ZITRONENSOSSE

½ Tasse Semmelbrösel
Butter
1 Glas Wein
Etwas Fleisch- oder Gemüsebrühe
1 Zitrone
Salz, Pfeffer
Muskat
Frische Kräuter
Sahne

Semmelbrösel werden in Butter braun geröstet, dies mit Wein und Brühe ablöschen.
Zitrone auspressen, Schale abreiben und ebenso zu der Soße geben. Alle angegebenen Gewürze zur Soße geben, gut durchkochen lassen.
Anschließend mit Butter oder Sahne fein abschmecken.
Frische Kräuter hacken und kurz vor dem Servieren unter die Soße heben.

BAUERN-ZWIEBELSOSSE
(Mitte unten)

BAUERN-ZWIEBELSOSSE

2 große Zwiebeln
1–2 EL Fett
1–2 EL Mehl
Gemüsebrühe
Wein
Essig
Pfefferkörner
1 Lorbeerblatt
Salz
Kräuter

Gehackte Zwiebeln mit Fett goldgelb anbraten, Mehl dazugeben und alles zu einer Einbrenne verarbeiten.
Mit Gemüsebrühe und Wein aufgießen, Essig, Lorbeerblatt, Pfefferkörner und Salz hinzugeben.
Soße nun gut aufkochen lassen und wenn nötig nochmals mit etwas Brühe aufgießen.
Die Soße vor dem Servieren durch ein Sieb streichen und mit fein gehackten Kräutern servieren.

Bei der dunklen Einbrenne darauf achten, dass das Mehl im Topf nicht zu dunkel wird, da dies sonst einen bitteren Geschmack entwickelt.

SAUERRAHMSOSSE

Butter
Mehl
¼ l Sauerrahm
Fleischbrühe
Zitrone
Muskat
Salz, Pfeffer

Mehl zusammen mit Butter in einem Topf zu einer goldgelben Einbrenne zubereiten.
Mit Sauerrahm und Fleischbrühe aufgießen.
Die Soße mit Salz, Pfeffer, Muskat und Abrieb der Zitrone würzen. Vor dem Servieren kann die Soße fein püriert werden.

VARIATIONEN:
Kapern zugeben oder Zwiebeln, gespickt mit Nelken.

KARTOFFEL-GERICHTE, KNÖDEL & MEHR

Erpfl, Erdäpfel, Podaken – vielfältig bezeichnet der Oberpfälzer seine Kartoffeln, die aufgrund des rauen Klimas und der steinigen Böden früher fast ausschließlich angebaut werden konnten.

Dabei ist die Kartoffel ein sehr wertvolles Lebensmittel mit vielen Vitaminen, Mineralstoffen und Ballaststoffen. In Kartoffeln ist nahezu kein Fett enthalten, außer dieses wird bei der Zubereitung zugegeben; so kann die Kartoffel sehr schnell zu einer wahren Kalorienbombe werden.

Die Variationen der Zubereitung, die Kombinationen mit den unterschiedlichsten Geschmacksrichtungen und die Namen der jeweiligen Gerichte scheinen, allein in unserem Regierungsbezirk, unendlich!

Wir haben in diesem Buch beispielhaft einige Rezepte aus rohen und gekochten Kartoffeln abgedruckt, die gerne von Oberpfälzer Frauen zubereitet wurden. Jedoch hatte nahezu jede Gegend, oft sogar jeder Haushalt oder Hof, seine eigene Variante oder Namensgebung. Kombiniert wurde zu den Gerichten vieles, ganz gleich ob süß oder pikant – je nachdem, was die Jahreszeit oder der Geldbeutel zur Verfügung stellte. Wie bereits erwähnt sind auch die Namen der Gerichte äußerst vielfältig und phantasiereich; von diesen haben wir etliche gesammelt und einige abgedruckt.

Wir möchten die kreativen Köchinnen und Köche motivieren, aus den alten Gewohnheiten auszubrechen, viel Neues auszuprobieren und die Oberpfälzer Küche rund um die Kartoffel gerne weiterzuentwickeln!

KARTOFFELTEIG

Grundrezept

Kartoffeln kochen, schälen und noch im warmen Zustand durch eine Kartoffelpresse drücken, anschließend die durchgepressten Kartoffeln gut auskühlen lassen. Mehl, Salz, Muskat und das Ei zu den Kartoffeln geben und zu einem homogenen Teig kneten. Um sich etwas Zeit bei der Zubereitung zu sparen, kann der Kartoffelteig beispielsweise in einer Küchenmaschine, dank moderner Küchentechnik, rasch verknetet werden.

500 g gekochte Kartoffeln
160 – 200 g Mehl
1 Ei
1 TL Salz
Muskat

TIPP:

Da der angemachte Teig stark anzieht und sehr rasch klebrig wird, sollte nur immer so viel vorbereitet werden, wie viel unmittelbar benötigt wird. Auch die Kartoffeln am besten dämpfen, da durch zu viel Kochwasser mehr Mehl benötigt wird.

KARTOFFEL-TOPFEN-TEIG

500 g Kartoffeln
150 g Mehl
150 g Topfen
2 Eier
2 EL Speisestärke
Zitronenschale
Salz

Kartoffeln kochen und schälen und noch im warmen Zustand durch eine Kartoffelpresse drücken. Mehl, Salz, etwas Zitronenschale und Topfen zugeben und zu einem homogenen Teig kneten.
Der Teig passt perfekt für die süßen Varianten der Schoppala.

Namensvielfalt: Sterz, Bauernsterz, Zwirl, Erpflzwirn, Pfandlschmarrn, Riebler, Teifisköder, Halsgrailer, Erpflfuader, Bresel- oder Bräislbart, Rezet, Kartoffelbrösel oder -schmarrn, Holzbauernsterz, Leutschinder, Gurgelmarterer, Hennerbrösl, Fludermo, Bröslschmarrn.

ZWIRL

(Kartoffelschmarrn)

1 kg gekochte Kartoffeln
300–400 g Mehl
Salz, Muskat
Öl

Der Zwirl wird entweder als Beilage zu Fleisch gegessen oder als Hauptgericht mit unterschiedlichen Variationen. Ganz egal ob pikant mit Sauerkraut oder Kräuterquark (Seite 49), oder die süße Variante mit Apfelmus. Der halbfertige Zwirl lässt sich abgekühlt super als „nackerter Zwirl" einfrieren.

Kartoffeln kochen, schälen und noch im warmen Zustand durch die Kartoffelpresse drücken. Abkühlen lassen, auch gerne über Nacht.
Mehl zu den durchgedrückten Kartoffeln geben sowie Salz und Muskat. Alles locker unterheben und nicht kneten.
Das Kartoffel-Mehl-Gemisch mit Öl in eine Pfanne geben und nun goldbraun backen lassen. In einigen Gegenden wird der Zwirl in einer Reine im Rohr gar gebacken. Wichtig ist, den Zwirl immer wieder mit einem Pfannenwender fein zu zerstoßen, bis er schön braun und bröselig ist.

SCHOPPALA

(Kartoffelnudeln, Rollanudeln, grudelte Nudl)

Zutaten für Kartoffelteig
Fett zum Ausbacken

Kartoffelnudeln gehen alle auf das gleiche Grundrezept zurück, doch unterscheiden sie sich in der Form und im Namen. Datsch- oder Dotschnudeln sind etwas flachgedrückt, wohingegen Schoppala, o'drahte Nudl, Sterznudl, Tagwercher, Bauchstechala und Zweckla wie unten beschrieben aussehen.

Kartoffelteig wie auf Seite 76 beschrieben zubereiten.
Für **Schoppala** nimmt man ¼ des Teiges und walzt ihn zu einem langen Strang (3 cm Durchmesser). Anschließend schneidet man mit dem Messer ca. 3 cm kurze Stücke ab, gibt sie in eine Pfanne mit heißem Fett und brät sie ringsum goldbraun an.
Fingernudeln werden nach demselben Prinzip zubereitet, nur dass die 3 cm kurzen Stücke mit der Hand zu langen Strängen geformt werden, welche an den Enden wesentlich dünner sind als in der Mitte. Diese werden ebenfalls in der Pfanne ringsum goldbraun angebraten.

FINGERNUDELN (links)
SCHOPPALA (rechts)

GSODNE SCHOPPERL

(Rotzerla)

Zutaten für Kartoffelteig (wahlweise kann die Hälfte der Kartoffeln auch durch rohe, geriebene Kartoffeln ersetzt werden)
Etwas Mehl
Butter
Zwiebel

Kartoffelteig wie auf Seite 76 beschrieben zubereiten. Anschließend daraus Fingernudeln formen und in kochendem Salzwasser garen lassen. Fertige Fingernudeln abseihen, in einer Pfanne mit heißer Butter und Zwiebelringen anbräunen. Pikant zu Hauptgerichten servieren.

MOHNSCHOPPERL

mit Vanillesoße

Zutaten für Kartoffelteig
200 g gemahlener Mohn
200 g Milch
80 g Zucker
50 g Butter
Vanillesoße

Wie bereits auf Seite 78 beschrieben die Schopperl zubereiten.
Mohn mit heißer Milch überbrühen, Zucker zugeben. Butter in der Pfanne braun werden lassen und ebenfalls zur Mohnmasse geben, alles geschmeidig rühren.
Schopperla mit Mohnmasse und Vanillesoße (siehe Seite 144) servieren.

BAUCHSTECHALA

Zutaten für Kartoffelteig
100 ml Milch
2 Eier
Salz
Semmelbrösel

Wie bereits beschrieben, werden die Bauchstechala genau wie die Schoppala zubereitet. Statt in der Pfanne kocht man sie jedoch im Salzwasser für etwa 15 Min. Nach dem Abseihen brät man die Bauchstechala in der Pfanne von allen Seiten noch kurz an und gibt diese dann in eine Reine.

Milch, Eier und Salz verquirlen und über die Bauchstechala gießen. Die Reine in das Backrohr geben und die Eier bei 150° C für 15–20 Min. stocken lassen.

Vor dem Servieren können geröstete Semmelbrösel darübergegeben werden. Bauchstechala isst man zu pikanten Gerichten mit Sauerkraut oder süß mit Kompott.

VARIANTE:

In einigen Rezepten werden zusätzlich zu den Bauchstechala noch Apfelspalten in die Reine gelegt und mit Eier-Milch überbacken.

GROSSE ERPFLNUDELN

(Bruckbam)

Zutaten für Kartoffelteig
1 Ei
Etwas Milch oder Sauerrahm
Fett

Kartoffelteig wie auf Seite 76 beschrieben zubereiten. Den Teig zu langen, fingerdicken Walzen formen und der Länge nach in eine gut gefettete Reine legen. Ei mit Milch oder Sauerrahm verquirlen und über die Teigstränge gießen. Dies wird nun im Rohr bei 180° C für 30 Min. gebacken. Schmeckt als Beilage zu vielen Gerichten.

KARTOFFELTALER

Zutaten für Kartoffelteig
1 Handvoll frische Wildkräuter
Fett

Kartoffelteig wie auf Seite 76 beschrieben zubereiten. Wildkräuter waschen und fein hacken, diese unter den Kartoffelteig kneten.
Die Masse zu kleinen runden Talern formen und in der Pfanne beidseitig goldgelb anbraten.

VARIANTE:

Je nach Jahreszeit 100 g klein geschnittenes Gemüse unterkneten und Kartoffel-Gemüsetaler ausbacken. Kann mit einem Sauerrahm-Dip als vegetarisches Hauptgericht oder als Beilage zu Fleischgerichten gegessen werden.

SCHLOSSERBOUM

Zutaten für Kartoffelteig
Muskat
Kümmel
1 Ei
Etwas Milch
Semmelbrösel
Fett

TIPP:
Ohne Panade schmecken sie genauso gut und sind schneller fertig! Dies ist eine hervorragende Beilage zu Gulasch oder anderen Hauptgerichten.

Kartoffelteig wie auf Seite 76 beschrieben zubereiten. Diesen stark mit Muskat und Kümmel würzen.
Lange Stränge aus dem Teig formen, jeweils 2 Fingerbreit abschneiden und daraus kleine Datscherl formen.
Ei und Milch verquirlen. Die kleinen Schlosserboum zuerst in der Eier-Milch und anschließend in Semmelbrösel wälzen. Diese nun in eine Pfanne mit heißem Fett geben und goldbraun ausbacken.

Die nördliche Oberpfalz wurde manchmal auch als „Dotschland“ bezeichnet, anscheinend wurde der Dotsch dort oft gekocht.

REIBERDATSCHI

(Dotsch, Reibernudeln, Ritsche)

- 1 ½ kg rohe Kartoffeln
- ¼ l Sauerrahm
- 2–3 Eier
- Etwas Mehl
- Zwiebel nach Belieben
- Salz
- Fett

Kartoffeln waschen, schälen und fein reiben. Die überschüssige Flüssigkeit abseihen und die Kartoffeln noch etwas ausdrücken.
Nun gibt man Sauerrahm, Eier und Salz zu den Kartoffeln und macht daraus einen homogenen Teig. Nach Belieben kann eine fein geschnittene Zwiebel dazugegeben werden.
Fett in einer Pfanne erhitzen und den Teig in Form von dünnen Fladen oder dickeren Nudeln in die Pfanne geben. Beidseitig braun anbraten lassen. Schmeckt als Hauptgericht pikant oder süß oder als Beilage. Sehr variantenreich!

ROMANIGEL

6 rohe Kartoffeln
2 gekochte Kartoffeln
1 Tasse Milch
1 TL Salz
3 Eier
Fett

Rohe Kartoffeln reiben und die überschüssige Flüssigkeit ausdrücken. Milch zum Kochen bringen und über die rohen Kartoffeln gießen. Diese Masse unter die gekochten, geriebenen Kartoffeln mischen.
Die Masse salzen und zu kleinen Fingernudeln formen. Diese in heißem Fett ausbacken und in eine Reine legen.
Die Eier verschlagen und über die Fingernudeln gießen. Die Reine ins Backrohr geben und bei 180° C goldgelb für 20 Minuten backen.

Nimmt man anstelle der Butter ein planzliches Öl, so wird daraus ein veganes Gericht.

GEBACKENE KARTOFFELN

(Ofenkartoffeln)

300 g kleine bis mittelgroße Kartoffeln
(Kräuter-)Butter oder Öl
Kümmel, Paprika, Salz

Die Kartoffeln gut waschen und einen Keil in die Kartoffeln schneiden. Ein Stückchen Butter einsetzen, Kümmel, Paprika und Salz darüberstreuen und die Kartoffeln im Backofen bei 180° C je nach Größe für ca. 30–40 Min. garen.
Nach Belieben kann in den Schlitz auch Kräuterbutter gefüllt werden.

ERDÄPFELSTAMPF

1 kg rohe Kartoffeln
Salz
Muskat
100 g Butter
Etwas Milch
Semmelbrösel

Kartoffeln kochen, schälen und im heißen Zustand zerstampfen und salzen.
Semmelbrösel samt der Butter in einer Pfanne anbräunen lassen und über die gestampften Kartoffeln geben.
Mit Muskat fein abschmecken und servieren.

KARTOFFELSCHÖPFALA

1 kg Kartoffeln
1 EL Mehl
1 Prise Salz
100 g Butter
100 g Semmelbrösel

Kartoffeln schälen und in Salzwasser garen.
Über die gekochten Kartoffeln wird Mehl gestreut und das Ganze wird zu Brei verrührt.
Semmelbrösel mit Butter in einer Pfanne goldgelb anschwitzen.
Aus der Kartoffelmasse werden mit Hilfe von Esslöffeln Nockerl geformt; diese werden anschließend in den Butterbröseln gewälzt.

KARTOFFELAUFLAUF

mit Wildkräutern (Speitl-Erdäpfel)

1 kg rohe Kartoffel
½ l Milch
2 TL Salz
Muskatnuss
Majoran
Evtl. gemahlener Kümmel
2–3 EL Pesto oder eine
Handvoll frische Kräuter
100 g geriebener Käse
Etwas Butter zum Einfetten

Die rohen Kartoffeln schälen und in Scheiben hobeln (dürfen gerne etwas dicker [3–5 mm] sein).
In einer Schüssel mit Salz, Muskatabrieb, Majoran, Pesto oder Wildkräutern gut durchmischen und in die gefettete Auflaufform schichten. Milch darauf gießen, geriebenen Käse darübergeben und bei 180° C ca. 1 Stunde im Backrohr goldbraun backen.

KARTOFFELSCHÖPFALA

KARTOFFELSCHNECKEN

(Hackstöckl, Schneckenhäusl)

Zutaten für Kartoffelteig
300 g versch. buntes Gemüse
250 g Frischkäse
Salz, Pfeffer
Versch. Kräuter

VARIANTE:
Fülle aus Schinken und Lauch oder Speck und Zwiebel.

Grundmasse zubereiten (Seite 76) und zu einer 1 cm dicken Platte auswalzen.
Gemüse waschen, schälen und sehr fein schneiden, mit Frischkäse vermengen, mit Gewürzen fein abschmecken.
Gemüsemasse auf den Teig streichen und die Platte aufrollen. Stücke, die jeweils 4 – 5 cm breit sind, von der Rolle abschneiden und hochkant in eine mit Fett bestrichene Reine stellen.
Dies nun in den Ofen geben und bei 180° C für 40 Min. garen.

KARTOFFELKUCHEN

500 g gekochte Kartoffeln
75 g Speck
1 Zwiebel
Etwas Mehl
Salz
Fett
1 Ei

Speck und Zwiebel klein schneiden, in einer Pfanne gemeinsam anschwitzen lassen.
Die gekochten und geschälten Kartoffeln zerstampfen und zusammen mit Mehl, Ei, Salz, Speck und Zwiebeln vermengen.
Der Kartoffelteig wird nun flach in die Pfanne gedrückt und auf beiden Seiten goldbraun gebraten.
Je nach Belieben kann der Kartoffelkuchen in unterschiedlicher Dicke in die Pfanne gegeben werden.
Der Kartoffelkuchen wird zusammen mit Kräuterquark (Seite 49) oder Gemüse gegessen.

Oberpfälzisch ist am Kartoffelsalat, dass er in vielen Gegenden mit angeschmorten Speckwürfelchen, fein geschnittenen Endivien oder Gurken vermengt wird.

OBERPFÄLZER KARTOFFELSALAT

500 g Kartoffeln
Heller Wein- oder Kräuteressig
3 EL Öl
1 TL Senf
1 Zwiebel, klein geschnitten
100 ml heiße Brühe
Salz, Pfeffer
Wahlweise Endiviensalat, Gurken oder Speckwürfel
Schnittlauch

Kartoffeln kochen, schälen und in dünne Stücke schneiden.
Mit Essig, Brühe, Senf, Öl, Zwiebel und Gewürzen marinieren und je nach Jahreszeit mit klein geschnittenem Endiviensalat, Gurken, Speckwürfeln oder reichlich Schnittlauch vermischen.

KARTOFFELGULASCH

1 kg Kartoffeln
125 g Hackfleisch
1 Zwiebel
500 ml Wasser
Paprikapulver
Salz, Pfeffer
Fett

Zwiebel und Kartoffeln klein schneiden, Fett in einem Topf erhitzen und Zwiebeln sowie Hackfleisch darin anbraten.
Paprikapulver zugeben und alles scharf anbraten lassen, Kartoffeln, Salz und Pfeffer zugeben und alles mit Wasser ablöschen.
So lange kochen lassen, bis die Kartoffeln weich sind. Anschließend nach Belieben mild bzw. scharf abschmecken und servieren.

SAURES KARTOFFELGEMÜSE

1 kg Kartoffeln
1 – 2 EL Fett
2 EL Mehl
1 Zwiebel
Fleisch- oder Gemüsebrühe
Etwas Essig
1 – 2 Nelken
Salz, Pfeffer
Senf

Kartoffeln kochen, schälen und in Scheiben schneiden.
Aus Fett und Mehl eine Einbrenne zubereiten, Zwiebel würfeln und zugeben.
Alles mit Fleisch- oder Gemüsebrühe ablöschen und mit Essig, Nelken, Salz und etwas Senf würzen. Kartoffeln zugeben und diese darin noch mal kurz aufkochen lassen.

KARTOFFEL-CORDON-BLEU

Zutaten für Kartoffelteig
Käse, Schinken
oder
200 g Frischkäse
1 Karotte, ½ Stange Lauch
Ei, Semmelbrösel
Öl oder Butterschmalz

Kartoffelteig wie auf Seite 76 beschrieben herstellen und ca. 5 mm dünn ausrollen, je nach gewünschter Größe und Form Rechtecke schneiden oder rund ausstechen und Füllung darauf geben.

Für die Füllung entweder klassisch Käse und Schinken oder Karotte und Lauch fein raspeln und mit Frischkäse vermengen.

Zusammenklappen, die Ränder andrücken, panieren in Ei und Semmelbrösel und wie ein Schnitzel in der Pfanne mit heißem Fett ausbacken.

FÜLLUNGEN:

Je nach Belieben Käse und Schinken oder geraspeltes Gemüse mit Frischkäse.

KARTOFFEL-MAULTASCHEN

Zutaten für Kartoffelteig
Butter oder Sauerrahm

SÜSSE FÜLLUNG:
Äpfel, Kirschen oder Zwetschgen

PIKANTE FÜLLUNG:
Spinat-Käse, Zwiebel-Speck, Sauerkraut, buntes Gemüse

Kartoffelteig wie auf Seite 76 beschrieben zubereiten.
Auf einem bemehlten Geschirrtuch den Teigfladen (in etwa der Breite des Reindls) ausrollen, dünn mit etwas Sauerrahm oder Butter bepinseln.
Füllung zubereiten, fein abschmecken und auf das ausgerollte Kartoffelteig-Viereck geben.
Dies mit Hilfe des Geschirrtuchs aufrollen und in das Reindl geben. So weiter verfahren, bis der Teig aufgebraucht ist.
Alle Maultaschen im Reindl mit etwas Sauerrahm oder Butter bestreichen und für 50–60 Minuten im vorgeheizten Backofen bei 180° C backen.

FÜLLUNGEN:

Hier sind der Kreativität und dem Geschmack keine Grenzen gesetzt. Bei süßen Füllungen sollte das Obst klein geschnitten werden und roh sein, da es im Ofen genügend Zeit zum Garen hat. Pikante Füllungen können vorher in der Pfanne wegen des besseren Aromas leicht angebraten werden. In einigen Gegenden werden beispielsweise Grieben als pikante Füllung verwendet.

KARTOFFELKNÖDEL

(Reiberknödel)

1–2 kg Kartoffeln
100 ml Milch
Mehl
Salz

Kartoffeln waschen, schälen und im rohen Zustand fein reiben. Die rohen, geriebenen Kartoffeln sehr gut auspressen und das Wasser auffangen. Vom Kartoffelwasser setzt sich die Stärke nach einiger Zeit ab – das Wasser weggießen und die Stärke zurück zu den Kartoffeln geben.
Milch zum Kochen bringen und die ausgedrückten Kartoffeln sofort damit abbrühen. Mehl und Salz zugeben und alles gut verkneten.
Aus dem Teig gleich große Knödel formen.
Wasser in einem Topf zum Kochen bringen, Salz zugeben und die geformten Knödel in das sprudelnd kochende Wasser einlegen. Die Knödel für 15–20 Min. gar ziehen lassen.

VARIANTEN:

Als Füllung können in die Mitte der Knödel Semmelwürfel, angebräunte Zwiebelringe oder Speckwürfel gegeben werden. Außerdem kann ⅓ der rohen Kartoffeln durch gekochte ersetzt werden.

SCHNEEBALLKNÖDEL

1 kg Kartoffeln
Salz
Mehl
3–4 alte Semmeln
Fett
Kräuter

Kartoffeln schälen und mit Salz im Wasser dämpfen. Salzkartoffeln im heißen Zustand stampfen, salzen, mit Mehl und den geschnittenen Semmeln vermengen.
Daraus werden Knödel geformt, platt gedrückt und in der Pfanne oder in der Reine im Ofen ausgebacken. Vor dem Backen ein kleines Loch in die Mitte machen und Butterflöckchen hineinsetzen.
Nach Belieben können gerne noch Kräuter unter die Masse gegeben werden.

PINKERTE KNÖDEL

GEBACKENE KARTOFFELKNÖDEL

200 g Kartoffeln
6 Eier
4 alte Semmeln
Backfett

Kartoffeln kochen, schälen und mit der Kartoffelpresse fein pressen, anschließend abkühlen lassen.
4 Eier mit 4 EL Wasser verquirlen und klein gewürfelte Semmeln dazugeben, dies 30 Min. ziehen lassen. Danach in einer Pfanne mit Fett einen Semmelschmarrn daraus backen, die restlichen Eier darauf schlagen und die Kartoffeln dazugeben – alles gut vermengen. Aus der Masse formt man anschließend gleichmäßige Knödel, gibt diese in eine Reine und bäckt sie bei 180° C 20 Min. goldbraun.

PINKERTE KNÖDEL

250 g Schwarzbrot
Ca. 200 g Mehl
250 ml Milch
½ Würfel Hefe
1 Ei
Salz

Schwarzbrot klein schneiden, aus Mehl, Milch, Hefe, Ei und Salz einen halbweichen Hefeteig zubereiten, diesen über das Schwarzbrot gießen und alles gut durchkneten.
Den Teig eine Weile stehen lassen, bis alles gut durchgezogen ist. Vor dem Formen wenn nötig noch mal nachwürzen und anschließend zu Knödeln formen.

Die Knödel können im Salzwasser gekocht oder in der Reine im Ofen für 30 Min. bei 150° C gebacken werden.

SEMMELKNÖDEL

Semmeln klein schneiden und Eier dazugeben. Petersilie und Zwiebel fein hacken, mit Fett in einer Pfanne anbräunen, mit Milch ablöschen. Dies etwas abkühlen lassen und zu den Semmeln und Eiern geben. Alles gut durchmengen und mit Salz und Muskat gut abschmecken. Knödel formen, in kochendes Salzwasser einlegen und für 20 Min. gar ziehen lassen.

5–6 alte Semmeln
2–4 Eier
350–400 ml Milch
Frische Petersilie
1 Zwiebel
Salz
Muskat
Öl

Tipp einer erfahrenen Wirtin aus der Neumarkter Gegend: 2 roh geriebene Kartoffeln unter den Teig – spart Semmeln und schmeckt sehr gut!

GRÜNKERN-KNÖDEL

2 große Tassen Grünkern
¾–1 l Wasser
30 g Semmelwürfel
1 Zwiebel
Frische Kräuter
2–3 Eier
Salz, Pfeffer
2 EL Butter

Grünkern in Butter anrösten, mit Wasser aufgießen und darin weich kochen, bis der Grünkern gut gequollen ist.
Semmelwürfel in der Pfanne mit der fein gewürfelten Zwiebel und frischen Kräutern anrösten und zum Grünkern geben. Eier und die restlichen Gewürze zugeben, alles gut durchkneten.
Aus der Masse gleichmäßige Knödel formen, in kochendes Salzwasser einlegen und diese für 20 Min. gar ziehen lassen.

GRÜNKERN-KNÖDEL

OFENKNÖDEL

Zutaten für Hefeteig
Etwas Butter
3 EL Sauerrahm
150 ml Milch

Aus den Zutaten einen Hefeteig wie auf Seite 156 beschrieben zubereiten.
Diesen zu Knödeln formen und in eine gefettete Auflaufform setzen.
Die Knödel werden mit Sauerrahm bestrichen und mit Milch übergossen. Im Rohr wird das Gericht bei 180° C für 30–40 Min. gebacken, bis es goldbraun ist.
Die Knödel werden auseinandergerissen und zu Fleisch- oder Gemüsegerichten als Beilage serviert.

KAS-BALLALA

8 Semmeln
5 EL Bier
Salz
3 Eier
250 g Topfen
50 g Streukäse
Petersilie
Fett

Semmeln in Stücke schneiden, Bier, Salz, Petersilie, Topfen, Streukäse und Eier zugeben und daraus einen Knödelteig zubereiten.
Anschließend formt man kleine Knödel und brät sie in der Pfanne von allen Seiten goldgelb an. Als kalorienärmere Alternative können die Knödel in eine Auflaufform gesetzt und im Rohr bei 180° C für 40 Min. gebacken werden.

ZWETSCHGENKNÖDEL

Zutaten für Kartoffelteig
Zwetschgen
Würfelzucker
Etwas Butter
Semmelbrösel
Zimtzucker

Anstelle von Zwetschgen kann auch anderes Obst wie z. B. Marillen oder Beerenobst als Knödelfüllung verwendet werden.

Wie auf Seite 76 beschrieben einen Kartoffelteig zubereiten.

Zwetschgen entkernen und in die Mitte jeweils einen Würfel Zucker geben. Die Zwetschgen nun mit Kartoffelteig umhüllen und in kochendem Salzwasser je nach Größe 15 – 25 Min. ziehen lassen.

In der Zwischenzeit wird in einer Pfanne die Butter mit den Semmelbröseln und Zimtzucker angebräunt.

Nachdem die Knödel gar sind, werden diese in der Butter-Semmelbrösel-Mischung gewälzt.

FUCHSNFOUDA

2 Schoarnbladln
3 gekochte Kartoffeln
1 Zwiebel
Salz
2 Eier
Öl zum Anbraten
Schnittlauch
Kümmel
Ca. 150 ml Wasser

Schoarnbladln brechen und mit kochendem Wasser überbrühen. In einer Pfanne Zwiebel und in Scheiben geschnittene gekochte Kartoffeln anbraten.
Die eingeweichten Schoarnbladln darübergeben und alles anbraten. Die verquirlten Eier dazugeben und alles gemeinsam goldgeld in der Pfanne braten.
Beliebig mit Kümmel oder frischem Schnittlauch abschmecken und einen frischen Salat dazu servieren.

Den Namen haben die Schoarnbladln vom restlichen Brotteig, der noch im Backtrog war und zum Herstellen der dünnen Fladen zusammengescharrt (= gschoard) wurde.

KRAUTZELTEN

½ Kopf Weißkraut
Salz
Kümmel
50–100 g Roggenmehl
Fett

Weißkraut fein hobeln, salzen und mit Kümmel würzen. Das Roggenmehl daruntergeben und kräftig zu einem Teig kneten.
Aus der Masse dünne Fladen bereiten und diese in einer Pfanne mit wenig Fett oder auf dem Backblech backen.

FUCHSNFOUDA

SPOTZN

(Zigeunernudeln)

½ kg Weizen- oder Roggenmehl
¼ l Wasser
1 – 2 Eier
Salz
Fett

Aus den gegebenen Zutaten einen festen Teig herstellen.
In kochendes Salzwasser, mit Hilfe von einem Teelöffel, kleine Stücke des Teiges abstechen und einlegen. Diese werden 15 – 20 Min. gegart und anschließend abgeseiht.
Die fertigen Nudeln vor dem Servieren noch in einer Pfanne mit etwas Fett kurz anbraten.

In manchen Gegenden werden in die Pfanne zusätzlich noch aufgeschlagene Eier gegeben und zum Stocken gebracht.

GEBACKENE NUDELN

(Flodernudeln)

½ l Milch
250 g Mehl
2–3 Eier
Fett

Milch in einen Topf geben, salzen und zum Kochen bringen. Unter ständigem Rühren das Mehl zugeben und so lange rühren, bis die Masse sich vom Topfboden löst.
Nachdem die Masse ausgekühlt ist, Eier dazugeben.
Mit einem Löffel werden dicke Nudeln abgestochen und in eine Reine mit heißem Fett gesetzt.
Im Rohr bei 180° C lässt man die Nudeln ca. 30 Min. goldgelb backen. Bei Belieben können noch 1–2 verquirlte Eier darüber gegossen werden.

SCHOPPERNUDELN

(Geröstete Nudeln)

250 g Mehl
125 ml Wasser
Salz
Fett
Semmelbrösel

Aus Mehl, Salz, Wasser wird ein fester Nudelteig geknetet.
Der Teig wird ausgewalkt und zu dünnen Nudeln geschnitten. Für 10 Min. kocht man die Nudeln in Salzwasser.
Nach dem Kochen die Nudeln aus dem Wasser nehmen und in einer Pfanne mit Fett und Semmelbröseln schwenken und leicht anbraten.

OBERPFÄLZER NUDELN

250 g Mehl
Salz
125 ml Wasser
Fett
½ l Milch
1 – 3 Eier

Der Teig kann auch mit Hilfe einer Nudelmaschine bearbeitet werden.

Aus Mehl, Salz und etwas heißem Wasser einen festen Nudelteig zubereiten. Dieser wird sehr dünn ausgewalkt und in Streifen geschnitten.
Die Nudelstreifen lässt man nun etwas antrocknen und legt sie locker und gleichmäßig in eine gefettete Reine.
Milch mit Salz und Eiern verquirlen und über die Nudeln gießen. Die Reine wird ins Backrohr gegeben, und bei 180° C für ca. 40 Min. goldbraun gebacken.
Die Masse wird kurz vor Ende der Garzeit nochmals aufgelockert, und bei Belieben können noch Butterflöckchen untergerührt werden.

VARIANTE:
Für ein bisschen Abwechslung kann gerne Obst mit Zimtzucker zwischen die Nudeln gelegt werden.

GSCHNIN-BRONE NUDELN

350 g Mehl
4 Eier
Salz
Etwas Sauerrahm
Fett
Milch

Mehl, 2 Eier, Salz und Sauerrahm zu einem festen Teig verkneten, auswalken und locker aufrollen. Von der Rolle schneidet man 1 cm breite Streifen ab. Die entstandenen Nudeln lässt man kurz im Salzwasser aufkochen, gut abtropfen lassen und brät sie in viel Fett goldbraun an.
Milch, Salz und 2 Eier werden miteinander verquirlt und über die Nudeln gegossen.
Nun lässt man alles im Rohr noch kurz anbraten. Die Nudeln werden häufig zu Kraut oder Gemüsesoßen gegessen. Dazu passt genauso Kompott oder Apelmus.

SAUERKRAUTNUDELN

200 g Mehl
100 ml Wasser oder 1 Ei
Salz
500 g Sauerkraut
Kümmel
Fett
1 Zwiebel

Mehl, Wasser oder Ei, Salz, Sauerkraut und den Kümmel zu einem Teig verkneten. Den Teig zu kleinen Nudeln (Fingernudeln) formen und in Salzwasser für ca. 10 Min. kochen.
Zwiebel in Ringe schneiden, in Fett braun anbraten und über die fertigen Nudeln geben.

GERMDOTSCH

½ kg Mehl
20 g Hefe
⅓ l Milch
3–4 Kartoffeln
1–2 Eier
Salz
Fett

Aus den gegebenen Zutaten wird ein Hefeteig (siehe Seite 156) zubereitet, vor dem Gehen des Teiges gibt man die rohen geriebenen Kartoffeln darunter. (Der Teig kann sich etwas bläulich färben.)
In eine Pfanne mit heißem Fett wird der Teig hineingegossen, dieser geht nun bei der Hitze sehr schön auf. Beidseitig goldbraun anbraten.

Werden am besten zu Sauerkraut oder sauren Brühen gereicht.

GEMÜSE & SALATE

„Kraut und Rüben", so könnte man die Gemüseverwendung in den Oberpfälzer Küchen früherer Zeiten betiteln. Unzählige Zubereitungsarten von Weißkraut, beispielsweise als Salatbeilage, im Hauptgericht verarbeitet oder milchsauer vergoren zu Sauerkraut, sind dafür ein gutes Beispiel und finden sich in vielen alten Büchern oder Rezeptsammlungen wieder. Zucchini, Tomaten und Paprika dagegen erntete die Oberpfälzer Hausfrau in ihren Bauerngärten nicht. Doch diese sind heutzutage aus unseren Küchen nicht wegzudenken und steigern die Kombinationsmöglichkeiten mit traditionellen Knödeln, Nudeln oder Kartoffelgerichten.
Kinder und Erwachsene waren viel mehr als heute zu Fuß unterwegs, und so pflückte jeder ganz nebenbei Gräser, Kräuter, Obst und auch die eine oder andere Rübe vom Feld, wie viele ältere Oberpfälzer von ihren Erlebnissen vom Schul- oder Kirchenweg berichten.
Trocknen, einwecken, einkochen, also sterilisieren und fermentieren, waren wichtige Konservierungsmethoden für jeden Haushalt, um die harten Wintermonate mit Obst und Gemüse zu überstehen. Obst und Gemüse, frisch aus der ganzen Welt an 365 Tagen des Jahres, war damals unvorstellbar!

SAURE ROUM

(Köllerroum)

1 gelbe Steckrübe oder
2–3 weiße Rüben
1 Zwiebel
100 g Speck
20 g Mehl
Butter
Zucker
Senf oder Essig
Salz, Pfeffer
Suppenwürze
200 ml Sauerrahm
Schnittlauch

Rüben putzen und in Stifte schneiden; Zwiebel fein würfeln und mit Speck in einer Pfanne andünsten. Rüben zugeben und weiter anbraten, mit etwas Wasser ablöschen, Deckel draufgeben und das Gemüse dünsten.
In einem separaten Topf aus Mehl und Butter eine helle Einbrenne zubereiten, Zucker, Senf oder Essig, Salz, Pfeffer und die Suppenwürze zugeben. Nun das Gemüse mit dem restlichen Wasser ablöschen und alles gut vermengen. Sauerrahm und Schnittlauch zugeben und alles süßsauer abschmecken.

KOCHTS ROUMKRAUT

(gekochtes Rübenkraut)

500 g weiße Rüben
1 EL Fett
Salz, Pfeffer
Zucker
1 EL Mehl
Etwas Milch oder Wasser
1 Apfel
Petersilie

Rüben klein schneiden und mit Fett in der Pfanne dünsten, Salz, Pfeffer, Zucker, gewürfelten Apfel und etwas Wasser zugeben.
Mit Mehl bestäuben, etwas Milch oder Wasser zugeben und andicken lassen. Petersilie hacken und darüberstreuen. Roumkraut süßsauer abschmecken.

Wer gerne eine pikante Note im Roumkraut haben möchte, kann zusätzlich noch Speckwürfel mit anbraten.

KOHLRABI

in grüner Soße

6–8 kleine Kohlrabi
1 EL Butter
1 EL Mehl
1 Bund Petersilie
Salz, Pfeffer
Muskat
Etwas Milch oder Sahne
Weißwein

Kohlrabi schälen, wenn sie zu groß sind, halbieren und im Salzwasser zart kochen. Kohlrabiblätter waschen und ebenfalls in Salzwasser weich kochen.

Aus Mehl und Butter eine helle Einbrenne kochen und diese mit dem Salzwasser der Kohlrabiblätter ablöschen. Die Soße mit Salz, Pfeffer, Muskat, Petersilie und etwas Weißwein abschmecken.

Um die Soße sämiger zu machen, Milch oder Sahne zugeben.

Die weich gekochten Kohlrabi in die Soße geben und nochmals fein abschmecken.

GELBE RÜBEN

in Rahm

- **5 große gelbe Rüben**
- **30 g Butter**
- **Salz**
- **Zucker**
- **Gemüse- oder Fleischbrühe**
- **100 ml Sahne**
- **Petersilie**

Gelbe Rüben waschen und schälen, der Länge nach halbieren oder in feine Scheiben hobeln. Anschließend in Butter, Zucker und Salz weich schmoren.

Mit etwas Fleisch- oder Gemüsebrühe aufgießen und kurz vor Ende der Garzeit die Sahne und fein gehackte Petersilie darübergießen. Alles noch kurz ziehen lassen und servieren.

OBERPFÄLZER BOHNENGEMÜSE

400–500 g grüne Bohnen
3–4 große gelbe Rüben
3–4 große Kartoffeln
Bohnenkraut
Salz, Pfeffer
Fett
2–3 EL Mehl

Geputzte grüne Bohnen klein schneiden und mit den gewürfelten gelben Rüben und Kartoffeln sowie Salz und Bohnenkraut in Wasser weich dämpfen.
In einem Topf das Fett mit dem Mehl zu einer hellen Einbrenne verarbeiten, anschließend mit dem Gemüsewasser aufgießen und zum Bohnenkraut geben, dieses wird dadurch schön sämig. Oberpfälzer Bohnengemüse fein abschmecken.

SAUERAMPFERGEMÜSE

2 Bund Sauerampfer
1 EL Fett
1 EL Mehl
2 EL Sauerrahm
Salz, Pfeffer
Zucker
Muskat
1 Eigelb

Sauerampfer klein schneiden und in Salzwasser kochen.
Einbrenne aus Mehl und Butter herstellen, Sauerampfer und das Kochwasser zugeben, mit dem Eigelb legieren. Die restlichen Gewürze sowie den Sauerrahm zugeben und fein abschmecken.

KRAUT

mit Zwiebeln & Speck

- 1 Kopf Weißkraut
- 1–2 EL Fett
- 1 EL Zucker
- 1 Zwiebel
- 1 Apfel
- 100 g Speckwürfel
- 2–3 EL Mehl
- Fleisch- oder Gemüsebrühe
- 100–150 ml Wasser

Kraut fein hobeln, zusammen mit Fett, gewürfelter Zwiebel und Apfel, sowie Speckwürfeln, Zucker und Wasser in einem Topf gut dünsten. Alles mit etwas Mehl bestäuben und mit Fleisch- oder Gemüsebrühe ablöschen.

VARIANTE:

In vielen Büchern liest man von einem Weinkraut, hier werden neben Wasser auch noch Weißwein und Kümmel zum Weißkraut gegeben und mitgekocht. Wird das Gericht mit Spitzkohl zubereitet, wird dies wesentlich feiner als mit herkömmlichem Weißkraut. Für eine vegane Variante können die Speckwürfel ganz einfach weggelassen werden!

BLAUKRAUT

mit Äpfeln

1 Kopf Blaukraut
5 EL Essig
Fett
Salz, Pfeffer
2–3 EL Zucker
1–2 Äpfel
Muskat
Nelken
1 Zwiebel
Ca. 5 Dörrzwetschgen

So hieß es früher in der Oberpfalz: Wenn eine junge Frau Blaukraut kochen kann, ist sie heiratsfähig.

Blaukraut hobeln, mit Essig überspritzen. In einem Topf Äpfel mit Zucker und etwas Öl karamellisieren lassen. Blaukraut zugeben und alles mit Wasser ablöschen. Salz, Pfeffer, Muskat, Dörrzwetschgen und eine mit Nelken bespickte Zwiebel zugeben. Alles zusammen kochen, bis das Kraut bissfest ist. Das Blaukraut kann mit Rotwein, roter Marmelade oder Preiselbeeren abgeschmeckt werden.

KRAUTSALAT

1 Kopf Weiß- oder Blaukraut
150–200 ml Wasser
Salz, Pfeffer, Kümmel
2–3 EL Zucker
100 g Speck
1 Zwiebel
80 ml Essig
80 ml Öl

Kraut hobeln und entweder mit heißem Wasser überbrühen oder kurz aufkochen lassen, danach das Kraut gut abtropfen lassen. Mit Salz, Zucker, Pfeffer und etwas Kümmel gut durchmischen. Zwiebel- und Speckwürfel in der Pfanne anbraten und ebenfalls unter das Kraut heben.
Zum Schluss noch Essig und Öl an den Salat geben und alles gut ziehen lassen.

BRENNNESSEL-RAHMSPINAT

500 g Brennnessel
1 Zwiebel
250 ml Wasser oder Gemüsebrühe
Salz, Pfeffer
200 ml Sahne oder Milch
1 EL Butter
2–3 EL Mehl

Zwiebel in feine Würfel schneiden und anschließend in einem Topf mit Butter glasig dünsten. Die Brennnesseln und das Mehl dazugeben, mit Wasser oder Gemüsebrühe aufgießen und für 10 Min. dünsten lassen.
Den fertigen Spinat fein pürieren und mit Sahne oder Milch sowie mit Salz und Pfeffer abschmecken.

VARIANTE:
Spinat und Brennnessel je zur Hälfte mischen.

RETTICHGEMÜSE

1 Rettich
1 EL Butter
1 EL Mehl
Milch
Fleisch- oder Gemüsebrühe
Salz, Pfeffer
Etwas Zucker

Rettich schälen und fein hobeln, zu einer hellen Einbrenne aus Mehl und Butter geben. Alles mit Milch und Fleisch- oder Gemüsebrühe ablöschen. Mit Salz, Pfeffer und Zucker würzen.

BRENNNESSEL-
RAHMSPINAT

SCHWAMMERL-BRÖIH

500 g Schwammerl
1 Zwiebel
2–3 EL Butter
2–3 EL Mehl
200 ml Milch
300 ml Gemüsebrühe
30 ml Essig
Salz, Pfeffer
Muskat
200 ml Sahne oder Sauerrahm
Petersilie

Pilze und Zwiebelwürfel in wenig Fett anbräunen und kurz dämpfen; Mehl zugeben und eine helle Einbrenne herstellen, mit Gemüsebrühe und Milch ablöschen.
Die Bröih mit Essig, Salz, Pfeffer, Muskat, gehackter Petersilie und Sahne würzen.
In vielen Gegenden wird die Schwammerl-Bröih sehr sauer gegessen.

Je dunkler die Einbrenne ist, desto dunkler wird am Ende die Schwammerl-Bröih!

Den Ursprung hat der Pichelsteiner im Bayerischen Wald, das Rezept ist jedoch über die Jahre auch nordwärts in die Oberpfalz gewandert und wurde dort sehr gerne mit Schwammerl verfeinert und nur an seltenen Tagen mit Fleisch gekocht. In vielen alten Kochbüchern ist auch häufig das Wort „Pickelsteiner“ zu lesen, was im Grunde dasselbe Gericht ist wie der Pichelsteiner.

SCHWAMMERL-PICHELSTEINER

30 g Butter
500 g Kartoffeln
1 Petersilienwurzel
1 Stange Lauch
1 Zwiebel
300 g Schwammerl
Salz, Pfeffer
Gemüsebrühe

Kartoffeln, Zwiebel, Lauch und Petersilienwurzeln waschen, schälen und klein würfeln. Zusammen mit Butter in einem Topf andünsten, Salz und Schwammerl zugeben. Alles mit Gemüsebrühe ablöschen und weich dämpfen. Zuletzt wird frische Petersilie zugegeben und der Pichelsteiner würzig abgeschmeckt.

BOHNENSALAT

500 g Bohnen
2 EL Essig
2 EL Öl
Salz, Pfeffer
2 TL Zucker
1 Zwiebel
Frisches Bohnenkraut

Die Bohnen in 2 cm große Stücke schneiden und samt den Bohnenkrautzweigen in Wasser weich kochen. Nach Ende der Garzeit das Wasser abseihen und die Bohnen mit Essig, Öl, Gewürzen, Zucker und der gewürfelten Zwiebel marinieren. Den Salat vor dem Servieren gut durchziehen lassen und gegebenenfalls nochmals nachwürzen.

Die Oberpfälzer Hausfrau hat früher fertigen Bohnensalat, Rote Bete, Karotten eingeweckt – so war im Winter stets Salat verfügbar.

RANA-SALAT

- 500 g Rote Bete
- 2 EL Kümmel
- 1 Zwiebel
- 80 ml Essig
- 3 EL Zucker
- Salz, Pfeffer
- 80 ml Öl

Rote Rüben in Salzwasser mit Kümmel gar kochen, anschließend abschälen.
Rote Rüben in dünne Scheiben schneiden und mit Essig, Zucker, Salz, Pfeffer, Kümmel, gewürfelter Zwiebel und Öl anmachen. Salat etwas ziehen lassen und dann servieren.

Rote Bete oder Rote Rüben sind in der Oberpfalz häufiger unter dem Begriff „Rana" bekannt.

SPECKLINSEN

500 g Linsen
100 g Speckwürfel
70 g Mehl
30 g Butter
1 Zwiebel
Salz, Pfeffer
Gehackte Petersilie
Knoblauch
Zitronenschale
Essig
500 ml Wasser

Linsen in Wasser weich kochen. Aus Mehl, Butter, Zwiebel und Speck eine helle Einbrenne zubereiten. Linsen mit übrigem Wasser zugeben und alles gut verrühren.
Mit den angegebenen Gewürzen gut würzig abschmecken.

Als besondere Variante können Kapern und Sardellenfilets zugegeben werden, was dem Gericht eine eigene feine Note gibt.

KRÄUTERSALAT

mit essbaren Blumen

Junge Salatblätter
Gartenkresse
Rucola
Kerbelkraut
1 Lauchzwiebel
Essbare Blüten
Salz, Pfeffer
2–3 EL Zucker
80 ml Essig
100 ml Öl
1–2 hart gekochte Eier

Eine große Schüssel voller unterschiedlicher Salate waschen und putzen. Lauchzwiebel sehr fein schneiden und unter den Salat geben. Essbare Blüten pflücken und ebenso zum Salat geben, wie z. B. gelbe oder blaue Veilchen, Borretsch, Rosen, Schlüsselblumen …
Vinaigrette aus hart gekochtem Eigelb, Essig, Öl, Zucker, Salz und Pfeffer herstellen und den Salat damit vermengen.

Essbare Blüten sind beispielsweise: gelbe oder blaue Veilchen, Gänseblümchen, Ringelblumen, Borretschblüten, Rosen, Kapuzinerkresse, Löwenzahn, Pimpernelle, Schafgarbe, Bärlauch … Dem Geschmack und der Vielfalt des Gartens sind bei diesem Gericht keine Grenzen gesetzt!

MILCH-, MEHL- & SÜSSSPEISEN

Mehlspeisen standen früher an Wochentagen regelmäßig auf dem Speiseplan, denn Fleisch war wertvoll und gab's meist nur an Sonn- oder Feiertagen. Grundzutaten wie Mehl, Kartoffeln, Eier, Milch, Butter oder Schmalz fanden sich in fast jeder Speisekammer. All dies hatte man entweder von den hofeigenen Tieren selbst zu Hause oder konnte im Dorf beim Müller, Bauern und Kramer erworben beziehungsweise getauscht werden.

Viele der Mehlspeisen wurden als Süßspeisen serviert, wer einen Obstgarten hatte oder Wald- und Wildfrüchte sammelte, ergänzte die Gerichte jahreszeitlich mit leckeren Obstkompotten. In den höheren Schichten und beim Adel hatten die Leute oft Zugriff zu teureren Zutaten wie Rosinen, welche dann sehr gerne als außergewöhnliche Komponente beigegeben wurden. Nüsse wurden gesammelt, im Winter verzehrt und verkocht.

Vielfach passen zu den Mehlspeisen auch Gemüsesoßen, in der Oberpfalz häufig als „Brua" bezeichnet, oder Sauerkraut.

Diese Gerichte sind bei uns heutzutage eher vegetarische Hauptgerichte. Viele feine Mehlspeisen finden sich in kleiner Portion heute auf Dessertkarten.

WESPENNESTER
REZEPT SEITE 145

MILCHZWIRL

1 EL Mehl
1 Ei
Etwas Salz
1 l Milch

Mehl, Ei, etwas Wasser und Salz zu einem festen Teig verkneten, nach kurzer Quellzeit mit einer Reibe in die kochende Milch reiben. Man lässt den Zwirl in der Milch einmal aufkochen und kann die Milchsuppe nun mit Salz oder auch mit etwas Zucker und Zimt würzen und sofort servieren.
Brot, Semmeln oder geröstete Kartoffeln bilden die Beilage.

EIERDOTTERMUS

mit g'rösteten Mandeln

125 g geriebene Mandeln
125 g Butter
125 g Zucker
8 Eier
Je 1 Zitrone und Orange
Eingekochte Früchte oder Marmelade

Mandeln im Rohr etwas anbräunen. Butter mit Zucker schaumig rühren, Mandeln und Eidotter zugeben und die Masse mit Vanillinzucker, geriebener Zitronen- und Orangenschale würzen. Eiweiß steif schlagen und darunterheben.
Die Hälfte der Masse auf ein gefettetes Blech oder in eine Auflaufform geben. Etwas abgetropfte, eingekochte Früchte oder Marmelade darauf verteilen und den Rest der Mandel-Eier-Masse darübergeben. Den Auflauf im Rohr bei 180° C für ca. 40 Min. goldgelb backen.

Dieses Rezept ist ein sehr altes Oberpfälzer Rezept aus dem 18. Jahrhundert!

SAURER RAHM-AUFLAUF

200 g Sauerrahm
6 Eier
1 Tasse Mehl
3–4 EL Zucker
Salz
Etwas Butter

Eidotter mit Sauerrahm schaumig rühren, unter Weiterschlagen das Mehl, Zucker, etwas Salz und zuletzt den steifen Eischnee zugeben.
Masse in eine gut gebutterte Auflaufform geben und bei 180° C langsam goldgelb für ca. 30–40 Min. backen.

MILCHSCHÖBERL

100 g Butter
3 Eier
3 EL Mehl
Salz
2 EL Zucker
Milch
Vanillezucker

Butter schaumig rühren, die Eier jeweils mit 1 EL Mehl, etwas Salz und dem Zucker dazugeben. Auflaufform fetten, die Masse hineingeben und ½ Stunde langsam im Rohr bei 180° C backen. Den Teig in der Form mehrmals durchstechen, mit vanillierter warmer Milch übergießen und so lange garen lassen, bis sich die Milch eingesaugt hat (ca. 20 Min.).
Mit Vanillesoße (siehe Seite 144) oder Obstkompott servieren.

ZIMMERERZANGER

(Holzhammerer Nudeln)

250 g Mehl
1 Ei
50 ml Wasser
Salz
Fett
Milch

Mehl, Ei, Wasser und etwas Salz zu einem festen Nudelteig verarbeiten und nach kurzem Ruhen zu dünnen Rollen formen, kleine Stückchen abschneiden und daraus spitze Fingernudeln machen. Diese werden in Salzwasser gekocht. Die Nudeln entweder in Fett anbräunen oder in der Reine im Rohr mit Fett und Milch braun backen und zuletzt mit verquirlten Eiern übergießen.
Dazu wird Kompott oder Apfelmus serviert.

Das Rezept stammt aus der Schnaittenbacher Gegend, Landkreis Amberg-Sulzbach.

ZIMMERERZANGER

PFANNKUCHEN-/BIERTEIG

Grundrezept

150 g Mehl
3–4 Eier
Etwas Salz
Ca. 200 ml Milch

Alle Zutaten in eine Schüssel geben, zu einem glatten Teig verrühren und anschließend etwas quellen lassen.
In einigen Rezepten ist von einem Bierteig die Rede, hier anstelle der Milch, 150 ml Bier sowie 4–5 Esslöffel Milch mit den restlichen Zutaten vermengen.

TIPP:

Um den Teig etwas fluffiger zu bekommen, die Eier trennen, das Eiweiß steif schlagen und unter die bereits vermengten, restlichen Zutaten heben.

SCHOU-DOTSCH

400 g Mehl
4 Eier
200 g Butter
¼ l Sauerrahm
100 g Sultaninen
1 Prise Salz
Fett

Mehl, Eier, Butter, Sauerrahm und Sultaninen zu einem Teig verarbeiten und mit einer Prise Salz würzen.
Bratpfanne mit viel Fett ausstreichen, den Teig hineingeben und bei 250° C für 10 Minuten backen.

SCHMARRN (links)
SCHOU-DOTSCH (rechts)

SCHMARRN

(Rossknecht, Röhrnfuchsn, Eierhaber)

150 g Mehl
4 Eier
Etwas Salz
Ca. 200 ml Milch
Backfett
Zucker
Kompott/ Obstmus

Aus Mehl, Eier, Salz und Milch einen Pfannkuchenteig zubereiten, der nicht zu dünn sein sollte. In einer Pfanne Fett erhitzen, dahinein den Teig gießen und etwas anbacken lassen. Dann mit einem Pfannenwender etwas zerstückeln und weiter garen lassen, bis er krümelig und goldkrustig ist. Der fertige Schmarrn wird gezuckert. Dazu reicht man Obstmus oder Kompott. Nach Belieben auch gerne Rosinen in den Teig geben.

TIPP:

Der Teig wird lockerer und Kalorien werden gespart, wenn statt Milch ein wenig Mineralwasser verwendet wird.

FRANZISKANERNUDELN

250 g Mehl
2 Eier
3 Eidotter
Etwas Salz
1 l Milch
Backfett
Zucker

In einer Schüssel das Mehl unter ständigem Rühren mit viel siedendem Wasser abbrühren, sodass ein fester Teig entsteht. Nach und nach Eier, Eidotter und Salz zugeben.
Den Teig in die mit einem Stern versehene Straubenspritze füllen. In der Zwischenzeit Milch zum Kochen bringen und den Teig hineinpressen. Nudeln unter einmaligem Umwenden aufkochen, herausnehmen und in eine Pfanne mit heißem Fett legen. Darin beidseitig goldbraun anbraten. Vor dem Servieren mit Zucker bestreuen.

APFELPFANN-KUCHEN

150 g Mehl
4 Eier
Etwas Salz
Ca. 200 ml Milch
2 Äpfel
50 g Zucker
Etwas Backfett

Aus Mehl, Eier, Salz und Milch wird ein Pfannkuchenteig (wie auf Seite 132) zubereitet.
In eine Pfanne mit etwas Fett gibt man kleine Apfelstückchen, brät diese an, streut Zimtzucker darüber. Wenn alles etwas karamellisiert ist, gibt man den Pfannkuchenteig darüber und bäckt alles fertig.
Der Pfannkuchen wird mit Puderzucker vor dem Servieren bestreut, oder man gibt Vanillesoße (siehe Seite 144) dazu!

SÜSSE GRIESSSCHNITTEN

1 l Milch
300 g Grieß
50 g Butter
1 Prise Salz
2 EL Zucker
Zitronenschale
3 Eier
Semmelbrösel
Backfett
Zimtzucker-Mischung

Brei aus Milch und Grieß kochen. Butter, Salz, Zucker, Zitronenschale und 2 Eier einrühren.
Die Masse wird 2 cm dick auf ein nasses Blech gegeben und mit einem angefeuchteten Messer glatt gestrichen. Wenn der Teig erkaltet ist, rechteckige Schnitten abschneiden. Diese dann in verquirltem Ei und Semmelbröseln wälzen und in heißem Fett goldbraun anbraten.
Die fertigen Grießschnitten werden mit Zimtzucker bestreut und mit Kompott aufgetragen.

TIPP:

Die Grießschnitten können auch pikant als Beilage zu Hauptgerichten gegessen werden. Wenn die Panade zu viel Aufwand ist, kann diese auch weggelassen und die Grießschnitten so in einer Pfanne angebraten werden.

HAFERMANN

(Kuchenmichl)

6 EL Mehl
½ l Milch
4 Eier
2–3 EL Zucker
Salz
Backfett

Mehl mit Milch, Eigelb, Zucker und Salz sehr gut verschlagen. Steifen Eischnee locker unterheben und die Masse in eine mit etwas Fett befüllte Reine geben. Der Auflauf wird bei 180° C im Rohr für 30–40 Min. goldgelb gebacken.

Wenn man entsteinte, gezuckerte Kirschen dazugibt, wird es ein Kirschmichl. Gerne variiert man auch mit Rosinen oder Äpfeln, je nach Geschmack und Jahreszeit!

RIWANZELN

(Rutscherl)

150 g Mehl
3–4 Eier
Etwas Salz
Ca. 200 ml Milch
Etwas Hefe
Backfett
Zimtzucker

Pfannkuchenteig aus Mehl, Eiern, Salz und Milch zubereiten und etwas in Milch aufgelöste Hefe zugeben.

Den Teig gehen lassen und in einer gefetteten Pfanne doppelseitig kleine Riwanzerl oder Küchel ausbacken und überzuckern.

Mit Kompott oder Vanillesoße (siehe Seite 144) servieren.

Das Rezept wurde aus Böhmen übernommen, ist mittlerweile ein fester Bestandteil der Oberpfälzer Küche geworden.

HOIBERDATSCH

250 g Mehl
500 ml Milch
2–4 Eier
1 Prise Salz
Backfett
500 g Heidelbeeren
Zucker

Mehl, Milch, Eidotter, Salz verquirlen, steif geschlagenen Eischnee unterheben.
Den Teig in eine gefettete Reine oder auf ein großes Blech mit hohem Rand gießen.
Darauf gibt man die leicht gezuckerten Heidelbeeren und bäckt den Datsch für etwa 30 Min. bei 180° C im Rohr.
Vor dem Servieren den Datsch nochmals zuckern, in Stücke schneiden und heiß servieren.

Der Hoiberdatsch schmeckt auch mit anderen Beeren oder Kirschen sehr gut!

GÄNSDATSCHERLA

(Apfelköichla)

5–6 große Äpfel
Zucker
2–3 EL Rum
Zutaten für einen Pfannkuchenteig
Schmalz oder Öl
Zimtzucker

Äpfel schälen und in dicke Scheiben schneiden. Diese eine Weile in Zucker und Rum liegen lassen.
Anschließend in den vorbereiteten Pfannkuchenteig (siehe Seite 132 – mit Eischnee) tauchen und schwimmend in Schmalz oder Öl ausbacken.
Vor dem Servieren in Zimtzucker wenden.

HOLLER-KÄICHAL

8–10 Holunderblüten-Dolden
150 g Mehl
3–4 Eier
Etwas Salz
Ca. 200 ml Milch oder Bier
Schmalz
Vanille- oder Zimtzucker

Aus den gegebenen Zutaten einen zähflüssigen Bier- oder Pfannkuchenteig (Seite 132 – wahlweise mit Eischnee) zubereiten. Die gut ausgeschüttelten Holunderblüten-Dolden in den vorbereiteten Teig tauchen.
In einer Pfanne Schmalz erhitzen und darin die Dolden schwimmend ausbacken.
Die fertigen Hollerkücherl mit Vanillinzucker oder Zimtzucker überstreuen.

Die Hollerkücherl sind eine wahre Rarität, da sie nur zu der begrenzten Zeit der Blüte zubereitet und genossen werden können!

ZWETSCHGENBAVESEN

6 Semmeln
Zwetschgenmus
3–4 Eier
¼ l Milch
1 EL Zucker
Fett
Zimtzucker

Semmeln in Scheiben schneiden und je zwei mit Zwetschgenmus befüllen und zusammenkleben.
Eier mit Milch und Zucker gut verquirlen.
In diesem Teig die gefüllten Semmelscheiben kurz einweichen und anschließend in heißem Fett schwimmend ausbacken.
Zuletzt auf beiden Seiten in Zimtzucker wälzen.

Dieses Gericht dient äußerst gut der Resteverwertung – altbackene Semmeln oder Toast können verfeinert werden. Wahlweise können die Bavesen auch mit Marmelade befüllt werden.

SEMMELSCHMARRN

(Guats-Schnidla)

3–4 altbackene Semmeln
2–3 Eier
Etwas Milch
Salz
Fett

Brot oder Semmeln in Würfel schneiden, Eier aufschlagen und mit Milch und Salz verquirlen. Eier-Milch-Masse über die Semmeln gießen und dies anschließend in eine Pfanne mit Fett geben. Von allen Seiten für 10–15 Min. goldbraun anbraten.

Schmeckt als kalte oder warme Beilage, süß oder pikant.

SÜSSE FINGERNUDELN

250 g Mehl
2 Eier
Salz
Butter
2 EL Zucker
½ l Milch
Backfett

Aus Mehl, Eiern, etwas Wasser und Salz wird ein fester Nudelteig hergestellt, den man etwa eine halbe Stunde ruhen lässt. Daraus werden Fingernudeln geformt.
In einer Pfanne Butter und Zucker anbräunen und die vorbereiteten Fingernudeln zugeben. Wenn die Nudeln Farbe angenommen haben, wird die Milch darübergegossen und alles bei 180° C für 20–30 Min. im Rohr kurz fertig gegart. Vor dem Servieren die Fingernudeln mit Zucker bestreuen.

SEMMELSCHMARRN

SCHEITERHAUFEN

(Semmelwaba)

- 6 Semmeln
- 3–4 Eier
- 3–4 EL Zucker
- Zimt
- ¼ l Milch
- Fett
- Rosinen
- Zitronenabrieb

Semmeln in längliche Streifen schneiden und in ein Gemisch aus Eiern, Zucker, Zimt und Milch tauchen.

Man schichtet die Semmelstücke in eine gut gefettete Auflaufform, abwechselnd mit Rosinen. Nach Belieben können noch Butterflöckchen und Zitronenabrieb dazugegeben werden. Der Scheiterhaufen wird etwa ½ Stunde im Rohr bei 180° C gebacken.

APFELSCHEITERHAUFEN:

Dieser wird ebenso zubereitet wie der Scheiterhaufen, nur werden gleich viele Apfelscheiben wie Semmelspalten dazugegeben.

GEBACKENE SEMMELN

(Pinkerte Lies)

250–300 g Knödelbrot
¼ l Milch
3 Eier
3 EL Zucker
Salz
125 g Rosinen
80 g Butter
1 Glas Rotwein
Zimtzucker

Knödelbrot (aufgeschnittene Semmeln) mit einem Gemisch aus Zucker, Salz, Eiern und Milch übergießen, Rosinen dazugeben und alles zu einem homogenen Teig vermengen.
Auflaufform fetten und die Masse, abwechselnd mit Butterstückchen, in Schichten in die Form geben. Obenauf setzt man noch etliche Butterflöckchen.
Der Auflauf wird etwa 35 Min. goldgelb im Ofen bei 180° C gebacken. Nach der Garzeit sollte der Auflauf noch etwas abkühlen, ehe er auf eine Kuchenplatte gestürzt wird.
Rotwein mit Zucker und etwas Zimt vermengen und löffelweise auf den Auflauf geben, zuletzt streut man noch Zimtzucker darüber.
Dazu schmeckt eingewecktes Obst wie Kirschen oder Birnen

Kirchweihrezept aus der südlichen Oberpfalz

SCHWARZBROT-AUFLAUF

3 Eier
150 g Zucker
100 g Nüsse
100 g Rosinen
Etwas Zitronenschale
1 P. Vanillezucker
150 g Schwarzbrot
Etwas Rum
Fett

Eigelb mit Zucker schaumig rühren; die geriebenen Nüsse, Rosinen, Zitronenschale, Vanillin-Zucker, klein geschnittenes Brot und zuletzt den festen Eischnee unterheben.
Ist das Brot sehr trocken, sollte die Masse eine Weile ziehen oder das Brot vorher mit Rum beträufelt werden.
Die Masse wird in eine gut gefettete Auflaufform gefüllt und im vorgeheizten Rohr etwa 30 Min. bei 180° C gebacken.
Dazu wird eine Schokoladen- oder Vanillesoße oder Kompott serviert.

VANILLESOSSE

(Vanilletunke)

½ l Milch
2 EL Stärkemehl oder Kartoffelstärke
1 Vanillestange
1 P. Vanillezucker
2 EL Zucker
2 Eier

Die Milch samt Zucker und Vanillezucker zum Kochen bringen und darin die aufgeschnittene Vanille mitkochen lassen. Das Eigelb mit dem Stärkemehl schaumig schlagen und unter ständigem Rühren zur leicht kochenden Milch geben. Das Eiweiß schaumig schlagen und ebenso unter die Eigelb-Milchmasse heben. Die Soße sofort servieren.

WESPENNESTER

Einfacher Hefeteig
Rosinen
Nach Belieben Orangeat/ Zitronat
1–2 EL gemahlene Nüsse
Butter
Zucker

Aus den gegebenen Zutaten wird ein fester, süßer Hefeteig zubereitet (siehe Grundrezept Seite 156). Nach dem Gehen wird dieser zu einem Rechteck ausgerollt.

Man bestreicht den Teig mit zerlassener Butter, streut die Rosinen, Zitronat und Orangeat, die gemahlenen Nüsse und nach Belieben auch noch etwas geriebene Zitronenschale darüber, schneidet mit dem Backrädchen lange, schmale Streifen ab und rollt diese auf. Die Schnecken werden hochkant in eine sehr gut gebutterte Reine gestellt und nach erneutem Gehen im Rohr bei 180° C langsam für 40 Min. gebacken.

Man stürzt die Wespennester im Ganzen und zuckert diese.

SEMMELREZEL

(Röster, siaße Schoarnbladl)

6–8 Semmeln oder Schoarnbladl
¼ l Milch
2–3 Eier
Salz
2–3 EL Zucker
Backfett
Zimt

Die Semmeln in Scheiben schneiden oder Schoarnbladl klein brechen und mit Milch übergießen, anschließend mit Eiern, Salz, Zucker leicht vermengen. Die Masse in eine tiefe Pfanne mit heißem Fett geben und daraus unter Wenden einen Schmarrn zubereiten.
Dieser wird mit Zimtzucker überstreut und mit beliebigem Obst serviert.

Die Schoarnbladl werden im Backofen nach dem Brotbacken mit Restwärme getrocknet. Vor Jahrhunderten dienten die gebrochenen Bladl als Löffel für Suppen.

DAMPFNUDELN

Einfacher Hefeteig
½ l Milch
1 EL Butter
1 – 2 EL Zucker
Äpfel oder Zwetschgen

MILCHBEINSERLA REHRNUDEL:

Die Herstellung ist wie bei den Dampfnudeln, nur dass die gegangenen Nudeln in eine Auflaufform gesetzt werden und in ihrem Milch-Fett-Zuckerbad ins Rohr geschoben werden.

Aus den Zutaten einen süßen Hefeteig (siehe Grundrezept Seite 156) herstellen und gehen lassen. Davon sticht man mit einem Löffel kleine Nudeln ab, diese lässt man mit einem Tuch zugedeckt nochmals gehen.

In der Zwischenzeit Milch, Butter, Zucker und bei Belieben Apfel- oder Zwetschgenstücke gemeinsam in einem Topf aufkochen lassen.

Die Nudeln nach dem Gehen nebeneinander zu der Milch in den Topf setzen und diesen gut verschließen. Nun etwa 20 Min. unter Dampf kochen, bis sie ein brutzelndes Geräusch von sich geben. Dann den Topf beiseiteziehen und die Nudeln schön langsam bei mäßiger Hitze garen lassen.

Nach Ende der Garzeit die Nudeln stürzen und mit Vanillesoße (siehe Seite 144) oder warmem Apfelkompott oder Zwetschgenmus servieren.

APFELREINDLING

Einfacher Hefeteig
Zucker
Semmelbrösel
2–3 EL geriebene Nüsse
3 Äpfel
2–3 EL Rosinen
Zimt
Butter

Aus den Zutaten einen süßen Hefeteig (siehe Grundrezept Seite 156) herstellen und gehen lassen. Halbfesten Hefeteig ausrollen, mit Zucker, Semmelbröseln, Rosinen, geriebenen Nüsse und klein geschnittenen Äpfeln bestreuen. Teig wie einen Strudel aufrollen und als großen Ring in eine gut gefettete, feuerfeste Form legen. Den Apfelring nochmals gehen lassen und anschließend die Oberfläche mit Butter bestreichen. Bei 180° C den gegangenen Reindling im Rohr etwa 30–40 Minuten goldgelb backen.
Vor dem Servieren mit Puderzucker bestreuen.

ROHRNUDELN

Einfacher Hefeteig
Butter
1–2 EL Zucker
Zwetschgenmus

Aus den Zutaten einen süßen Hefeteig (siehe Grundrezept Seite 156) herstellen und gehen lassen. Rohrnudeln sind im Herstellungsprozess das Gleiche wie Dampfnudeln, nur dass diese in eine sehr gut gefettete Reine dicht nebeneinander gesetzt werden.
Bei Belieben kann in die Mitte der Rohrnudeln ein Zwetschgenmus gegeben werden.
Vor dem Backen bestreicht man die Rohrnudeln noch mit Butter und Zucker und gibt sie anschließend für etwa 30 Minuten bei 180° C ins Rohr.

ROHRNUDELN

SCHWARZBEERBREI

500 g Schwarz-/Blaubeeren
Etwas Weißwein
Etwas Wasser
50–100 g Zucker
½ Zimtrinde
¼ l Sahne
3 EL Stärkemehl

Das Rezept stammt aus der Gegend rund um den Steinwald.

Die Beeren werden in einem Wein-Wasser-Zucker-Gemisch so lange gekocht, bis die Haut schwarzglänzend ist. Dabei darauf achten, dass die Schwarzbeeren nicht zerkochen.
Etwas Zimt zugeben und das mit der Sahne verrührte Stärkemehl kurz einkochen.

HOLLERMUS

200 g Holler
200 g Birnen
200 g Zwetschgen
Ca. 100 g Zucker
1 EL Stärkemehl
Etwas Wasser

Holunderbeeren waschen, abzupfen und mit den gewürfelten Birnen, den halbierten, entkernten Zwetschgen und Zucker ca. 20 Min. weich kochen.
Stärkemehl mit Wasser vermengen und unter das Mus rühren. Nach Belieben mit Zimt, Zitronensaft oder Vanillinzucker würzen.

REGENSBURGER APFELMUS

500 g Äpfel
80–100 g Zucker
100 g Rosinen
Ca. 200 ml Weißwein

Aromatische Äpfel werden geschält, in kleine Stücke geschnitten und mit Zucker und Rosinen in Weißwein aufgekocht. Kurz vor Ende der Garzeit den Topf von der Herdplatte nehmen und die Äpfel zugedeckt fertig garen lassen.

An den Südhängen der Donau von Regensburg bis Passau wurde einstmals Wein angebaut, der aber meist so sauer war, dass man ihn lieber verkocht als getrunken hat. Daraus ist so manches Weinrezept entstanden, das zwar üppig aussah, dabei aber doch „hausbacken“ war.

REGENSBURGER APFELMUS

RUMAUFLAUF

70 g Mehl
¼ l Milch oder Sahne
Butter
4 Eier
70 g Zucker
3 EL Rum
Semmelbrösel
Zucker

Milch oder Sahne zum Kochen bringen, Mehl unterrühren und eine dickliche Masse daraus zubereiten. Ein Stückchen Butter zugeben sowie 4 Eigelbe und den Zucker.
Dies für längere Zeit sämig rühren lassen und anschließend den Rum sowie die steif geschlagenen Eiweiße unterheben. Die Masse in eine gefettete und mit Semmelbröseln ausgestreute Auflaufform geben, mit Zucker bestäuben und im Ofen bei 180° C für 30–40 Min. goldbraun backen lassen.

BAUERNMÄDEL IM HOFSTAAT

250 g Schwarzbrot
2–3 EL Butter
2–3 EL Puderzucker
200 g Himbeermarmelade
200 g Apfelmus
¼ l Sahne
Vanillezucker
Schokoraspeln

Das aufgeriebene Brot zusammen mit Butter und Puderzucker in einer Pfanne leicht rösten. Man gibt von diesen Bröseln eine Schicht in eine Auflaufform/Dessertschale; es folgen Marmelade, Brösel, Apfelmus und wieder Brösel. Darauf kommt eine Schicht steif geschlagene Sahne mit Vanillezucker, welche mit Schokoladeraspeln überstreut wird.
Das Dessert muss zum Durchziehen kalt gestellt werden.

QUITTENBROT

500 g Quittenmark
500 g Zucker
Nelken
Zimt

Reife Quitten waschen und schälen, in grobe Stücke schneiden, in einen Topf geben, mit Wasser bedecken und für 30 Min. weich kochen, anschließend durch ein Sieb reiben.
Zu 500 g Quittenmark gibt man 500 g Zucker, die Masse samt Zucker in einem Topf zum Kochen bringen und so lange kochen, bis die Masse dick eingekocht ist und sich vom Topfboden löst. Kurz vor Ende der Garzeit gibt man nach Belieben noch Zimt und Nelken dazu.
Die Masse wird anschließend dünn auf ein Backblech gestrichen, und so lässt man es austrocknen.

SCHMALZGEBÄCK, KUCHEN & GEBÄCK

In den Oberpfälzer Küchen wurde früher nur zu besonderen Festtagen gebacken. Süße Teilchen wie Donuts, Plunder oder üppige Sahnetorten, welche heutzutage täglich zum Kaffee oder Frühstück verzehrt werden, gab es nicht!

Ebenso wenig hatten die Haushalte verschiedene Backformen zur Verfügung. Einfache Rührteige wurden in die Reine gegeben (Reinkucha) oder aufs Blech gestrichen, darauf wurden verfügbares Obst und eventuell noch Streusel verteilt und gebacken. Für mehr Abwechslung wurde die „Germ eigrührt“, also ein Hefeteig hergestellt, und je nach Jahreszeit und vorhandenen weiteren Zutaten gab es Rohrnudeln, Blechkuchen oder auch Germknödel als Mehlspeise zum Mittagessen.

An hohen Festtagen wie Kirchweih oder Erntedank wurde traditionelles Schmalzgebäck hergestellt. Je nach Grundteig und Gegend gibt es viele Rezepte mit verschiedenen Formen und Namen, was auch hier erneut die Vielfalt der Oberpfälzer Koch- und Backkunst widerspiegelt – Auszogne, Spatzn, Striezl, Springnudeln, Vögel, Schoitnköichla, Bierkrapfen …

Etwas Besonderes sind bis heute die Küchl, auch als Auszogne oder Käichal bekannt. Zum Kirchweihfest wurde oft aus mehreren Pfund Mehl für viele Familienmitglieder und Gäste unter aufwendigem Prozedere dieses feine Schmalzgebäck gebacken, wobei jede Familie mit Stolz ihr eigenes Spezialrezept verwendete.

Jede Gegend innerhalb der Oberpfalz hatte und hat ihre Spezialitäten. So sind in der nördlichen Oberpfalz die großen Schmierkuchen oder Flecken, welche zu Ostern oder Erntedank sogar zum Bäcker getragen und dort gebacken wurden, weil der Bedarf die heimischen Kapazitäten überschritten hat, eine weitere Besonderheit. Für die Amberger Gegend stehen überdimensional große Hefezöpfe, welche zu besonderen Festen wie Hochzeiten gebacken wurden. Und stellvertretend für die Chamer Gegend sind die Chamer Kampl – ein Honigkuchen-Rezept – zu nennen.

SÜSSER HEFETEIG

Grundrezept

500 g Mehl
20 g Hefe
2 Eier
60 g Zucker
Etwas Salz
80–100 g Butter
300 ml lauwarme Milch

Mehl in eine Schüssel wiegen, die Hefe mit der lauwarmen Milch etwas verrühren und zum Mehl geben.
Alle anderen Zutaten dazugeben und darauf achten, dass die Hefe nicht direkten Kontakt zum Salz hat.
Alle Zutaten zu einem geschmeidigen Teig kneten und an einem warmen Ort für mindestens 1 Stunde gehen lassen.

In vielen Rezepten heißt es, dass der Hefeteig mit einem Vorteig zubereitet werden soll. Hierzu wird eine Mulde in das Mehl gedrückt und die Hefe in der lauwarmen Milch mit etwas Zucker aufgelöst. Dieses Teiglein lässt man für mind. 20 Minuten gehen. Dann erst werden die anderen Zutaten dazugegeben und zu einem geschmeidigen Teig verrührt. Anschließend muss der Hefeteig erneut 1 Stunde gehen. Hefeteig braucht Zeit.

FASCHINGSKRAPFEN

Zutaten für den Hefeteig
3 Eigelbe
200 g Sahne
Etwas Rum
Butter-Vanille
Zitronenabrieb
Aprikosenmarmelade
Butterschmalz/Öl
Puderzucker

In einigen Büchern wird beschrieben, dass an Festtagen die Krapfen auch gerne mit Nüssen und Honig gefüllt wurden.

Wie auf Seite 156 beschrieben einen Hefeteig zubereiten, jedoch statt Milch die Sahne verwenden und statt den Eiern lediglich 3 Eigelbe. Zum Verfeinern gibt man etwas mehr Zucker sowie Rum, Butter-Vanille und Zitronenabrieb dazu. Den Teig nun für 1 Stunde gehen lassen.
Den Teig nach dem Gehen in gleich große Teile schneiden und daraus Kugeln formen oder Kreise ausstechen. Diese auf ein bemehltes Blech geben und nochmals 30 Minuten gehen lassen.
Man bäckt die Kugeln nach dem Gehen von beiden Seiten goldgelb in Butterschmalz oder Öl aus. Darauf achten, dass in der Mitte des Krapfens ein hellerer Streifen bleibt.
Die Krapfen werden mit Marmelade (Aprikose) gefüllt und vor dem Servieren mit Puderzucker bestreut.

AUSZOGNE

(Küchl, feine Kiachl, Käichal)

TEIG:
500 g Mehl
2–4 Eier
80–100 g Zucker
60 g Butter
20 g Hefe
Salz
Muskat
2 EL Arrak, Rum
Zitronenabrieb
Vanillezucker
Etwas Milch

Butterschmalz
Puderzucker

Zutaten zu einem zarten Hefeteig verarbeiten und diesen gehen lassen.
Den Teig in gleich große Teile stechen und unter einem Tuch nochmals gehen lassen.
Die schön gegangenen Nudeln werden mit gefetteten Fingern drehend ausgezogen, sodass außen eine dicke Wulst und innen ein dünnes Häutchen entsteht.
Die Küchl werden gleich ins heiße Fett gelegt. Mit einem Esslöffel kann etwas heißes Fett in die Mitte der Küchl gegeben werden, damit eine Wölbung entsteht; diese muss weiß bleiben und der Rand schön goldbraun. Küchl werden anschließend aus dem Fett nehmen und abtropfen lassen. Zuletzt werden die Küchl gezuckert.

SPRINGNUDELN

Zutaten für einen Hefeteig
50 g Rosinen
Fett zum Ausbacken

Zutaten wie auf Seite 156 erwähnt zu einem Hefeteig verarbeiten, Rosinen zugeben und den Teig zum Gehen warm stellen.
Den Teig zu gleich großen Kugeln formen und vor dem Einlegen ins heiße Schmalz oben kreuz und quer mit einer Schere einzwicken, so dass beim Backen die Ecken als Zipfel hochspringen.

In einigen Gegenden formt man auch fingerlange Striezel aus dem Teig und zwickt die beiderseitigen Enden ein.

AUSZOGNE

VÖGEL

(Spatzn)

Zutaten für einen Hefeteig
Butterschmalz
Puderzucker oder
Zimtzucker

VARIANTE:
Rosinen in den Teig geben.

Wie auf Seite 156 beschrieben einen Hefeteig zubereiten und diesen gehen lassen.
Nach dem Gehen mit einem Löffel „Spatzn", also kleine Nocken, abstechen und ins heiße Fett geben. Diese darin goldbraun backen und anschließend mit Puderzucker oder Zimtzucker bestreuen.

SCHNEEBALLEN

TEIG:
375 g Mehl
1–2 EL Zucker
Zimt
2 EL Sauerrahm
4 Eigelb
80–90 g Butter

Butterschmalz
Zimtzucker

Alle Zutaten zu einem mürben Teig verkneten und 1 Stunde ruhen lassen.
Den Teig 2 cm dick ausrollen und mit einem Teigrad viereckige Flecken ausschneiden. In die Mitte des Vierecks 6 fingerbreite Streifen einschneiden, jedoch darauf achten, dass der Teigfleck am Rand zusammenhängend bleibt. Nun hebt man mit einem Kochlöffelstiel den ersten, den dritten und den fünften Teigstreifen hoch und lässt den Teigfleck so ins heiße Schmalz gleiten. Die Spaköichla schön goldbraun ausbacken, vorsichtig herausheben und noch warm mit Zimtzucker bestreuen.

In der Tirschenreuther Gegend nennt man sie Spa(n)köichla, in Franken Storchennester.

BIERKRAPFEN

Rezept aus Hahnbach, Landkreis Amberg-Sulzbach

TEIG:
500 g Mehl
125 g Zucker
2 Eier
¼ l Weißbier
2 P. Backpulver

Schmalz

Die Zutaten zu einem geschmeidigen Teig verkneten. Dieser wird mit einem nassen Löffel abgestochen und sofort in heißem Schmalz ausgebacken. Die Krapfen gehen sehr schön auf und werden von beiden Seiten goldgelb gebacken.

HASENÖHRL

(Schoitnköichla)

TEIG:
500 g Mehl
65 g Butter
2–3 Eier
Etwas Salz
Etwas Wasser

Backfett
Puderzucker

Zutaten werden mit wenig Wasser zu einem halbfesten Teig verknetet.
Dieser wird zu einer dünnen Platte ausgerollt und mit Hilfe eines Teigrades in kleine Rauten geschnitten.
Die Rauten sofort in heißem Fett goldgelb backen. Die Hasenöhrl gehen wie kleine Kissen auf und werden zuletzt mit Puderzucker bestreut.

STRIEZLA

2 EL Butter
150 ml Wasser
1 TL Zucker
100 g Mehl
1 Prise Salz
3 Eier
Backfett
Zucker
Vanille- oder Zimtzucker

Man bäckt die Striezla hauptsächlich zu Johanni.

Brandteig: Wasser mit Butter, Salz und Zucker in einem Topf zum Kochen bringen. Mehl dazugeben und sofort alles verrühren, bis ein zäher Teig entsteht. Bei mittlerer Hitze weiterrühren, Teigkloß immer wieder auf den heißen Topfboden drücken – Teig „brennt ab“. Dabei entsteht eine weiße Schicht am Topfboden.
Anschließend den Teig in eine Schüssel geben und kurz abkühlen lassen. Eier einzeln zugeben und so lange verrühren, bis ein geschmeidiger Teig entstanden ist. Glänzt der Teig und fällt vom Löffel, ist er fertig.
Teig in eine Spritztülle füllen und auf ein Backpapier S-förmige Striezel spritzen.
Diese in heißes Fett gleiten lassen, goldgelb ausbacken und noch warm mit Zucker, Vanillinzucker oder Zimtzucker bestreuen.

SCHMIERKUCHEN

(Neustädter Kirchweihkuchen, Flecken)

TEIG:
375 g Mehl
100 g Butter
40 g Zucker
1 Ei, Salz
30 g Hefe
Etwas Milch

FÜR DIE SCHMIERE:
3 EL Butter
4–5 EL Mehl
1 l Milch
5 EL Zucker
Mandelöl
1–2 P. Vanillinzucker
2–3 Eigelbe
Rum-Rosinen
Zitronat und Orangeat
Mandelsplitter

Aus den Zutaten einen Hefeteig zubereiten und diesen gehen lassen. Anschließend faustgroße Stücke abstechen und daraus Fladen formen. Diese werden dick mit nachfolgender Schmiere bestrichen.
Schmiere zubereiten: Heiße Butter mit Mehl verrühren, kochende Milch darübergießen und die Masse gut verrühren. Nach dem Erkalten Zucker, Vanillezucker, Mandelöl und Eigelb zugeben und weiterrühren. Diese Masse auf die Fladen streichen.
Darauf werden in Rum eingeweichte Rosinen gestreut und einige Mandelsplitter sowie Zitronat und Orangeat. Fladen im Backofen bei 180° C für ca. 30 Min. backen.

Die Flecken haben verschiedene „Schmieren“ – Mohn, Zwetschge, Apfel, Grieß. Auch fantasievolle unterschiedliche Muster gibt es. Häufig ähneln sie den tschechischen Golatschen.

VARIANTE:

In Abwandlung dieses alten Rezeptes wird mancherorts unter die Streusel eine Schicht Vanillepudding oder mit Milch und Zucker dick verkochter Mohn gegeben.

GROSSER STREUSELKUCHEN

Zutaten für Hefeteig aus
¾ – 1 kg Mehl

FÜR DIE STREUSEL:
100 g Butter
2 EL Mehl
3 EL Zucker
Geriebene Mandeln
Vanille- und Zimtzucker

Aus den gegebenen Zutaten einen Hefeteig wie auf Seite 156 zubereiten und diesen gehen lassen. Anschließend auf ein Blech geben und mit etwas erwärmter Butter bestreichen.
Für die Streusel: Butter, Mehl, Zucker, nach Belieben geriebene Mandeln und Vanillezucker locker miteinander verrühren, diese nun auch auf dem Hefeteig verteilen. Der Kuchen wird etwa 45 Min. bei 180° C gebacken und bei der Hälfte der Garzeit mit Zimtzucker bestreut.

GEWÜRZKUCHEN

250 g Zucker
4 Eier
250 g Mehl
Je 40–50 g Zitronat und Orangeat
Zitronen- und Orangenabrieb
2 TL Zimt
Gemahlene Nelken
Muskatabrieb
1 P. Backpulver

Originalrezept aus einem handgeschriebenen Kochbuch von 1910.

Zucker und Eier werden schaumig gerührt und mit den Gewürzen, Zitronat und Orangeat, dem Mehl und Backpulver vermengt.
Der dickflüssige Teig wird auf ein gut gefettetes Blech gestrichen und bei 180° C für ca. 30 Min. im Ofen gebacken.

ZUCKERKUCHEN

Zutaten für einen Hefeteig
2 Eigelbe
80 g Zucker
6 EL Sauerrahm
Zimt
100 g Butter

Hefeteig wie auf Seite 156 beschrieben zubereiten und gehen lassen.
Aus Zucker, Eigelb, Sauerrahm und Zimt eine schaumige Masse zubereiten.
Den Hefeteig auf ein Backblech geben und dünn ausrollen, die Masse daraufstreichen und Butterflöckchen daraufsetzen. Der Kuchen wird bei 180° C für circa 30 Min. gebacken.

GRIASS-KOUCHN

(Gröiß-Kouchn, Grieß-Kuchen)

150 g Zucker
300 g Grieß
Salz
4 Eier
50 g Rosinen
Vanillezucker
1 l Milch
Vanillesoße

Zucker, Grieß, Salz, Eier, Vanillezucker schaumig rühren, nach Belieben Rosinen hinzufügen. Die glatte Masse in eine gut gefettete Auflaufform geben und im Rohr bei 220° C etwa 10 Minuten backen.
Milch erhitzen und über den Kuchen gießen. Diesen nun bei schwächerer Hitze (180° C) so lange im Rohr lassen, bis die ganze Milch eingezogen ist.
Anschließend mit einem Löffel kleine Nocken herausstechen und diese mit der braunen Seite nach oben auf den Teller geben. Dazu heiße Vanillesoße (siehe Seite 144) servieren.

KARTOFFELTORTE

500 g gekochte Kartoffeln
4 Eier
250 g Zucker
1 TL Zimt
Etwas gemahlene Nelken
1 Prise Muskatnussabrieb
Mandelöl
1 P. Vanillezucker
1 P. Backpulver
Johannisbeermarmelade

Kartoffeln kochen, fein reiben und über Nacht abkühlen lassen.
Eigelb, Zucker, die Gewürze sowie Mandelöl sehr schaumig rühren. Kartoffeln, Backpulver und den steif geschlagenen Eischnee darunterheben. Den Teig in eine gut gefettete Springform geben und bei 180° C für circa 1 Stunde backen.
Nach Belieben die Torte halbieren und mit Marmelade füllen. Die Torte mit Zuckerguss überziehen.

FRAU RESIS BISKUITKUCHEN

- 200 g Butter
- 1 Zitrone
- 250 g Zucker
- 4 Eier
- 125 g Stärkemehl
- 125 g Mehl
- 1 TL Backpulver

Butter schaumig rühren, abgeriebene Zitronenschale, Zucker, Eier und zuletzt das Gemisch aus Mehl, Stärkemehl und Backpulver zugeben.
Den Teig in eine gefettete Kastenform füllen und bei 180° C für ca. 1 Stunde backen.
Nach dem Backen den Kuchen aus der Form nehmen und einen Zitronen-Zuckerguss über den noch heißen Kuchen laufen lassen.

Originalrezept aus einem handgeschriebenen Kochbuch einer Pfarrersköchin.

APFELSCHLANGAL

450 g Mehl
200 g Butter
200 g Sauerrahm
1 Ei
50 g Zucker
Salz
1200 g Äpfel
Rosinen
Etwas Zitronensaft
100 g gemahlene Mandeln
4 EL Rum
Zucker
Zimt

Aus Mehl, Butter, Zucker, 1 Ei, Sauerrahm und einer Prise Salz einen festen Teig kneten.
Äpfel waschen und sehr fein schneiden, mit Rosinen, Zitronensaft, Rum und Mandeln vermengen.
Den Teig in 3 gleich große Stücke schneiden. Jedes einzelne Stück auf einem Nudelbrett viereckig ausrollen und die Apfelmasse gleichmäßig darauf verteilen. Nun die Seiten des Teiges etwas einschlagen und ihn wie einen Strudel aufrollen.
Die Apfelschlangal nach Belieben mit einem verquirlten Ei bestreichen und im Rohr bei 180° C für ca. 1 Stunde goldgelb backen. Nach dem Backen etwas auskühlen lassen, in Scheiben schneiden, mit Zucker bestreuen und warm servieren.

Man garniert diesen von der Patin der Braut zur Hochzeit übergebenen Zopf mit Rosen, Myrten und Kerzen.

PATENZOPF

Zutaten für einen Hefeteig
Vanillinzucker
Mandelöl
Zitronenschale
1 Ei
Hagelzucker
Zuckerguss

Aus den Zutaten (siehe Grundrezept Seite 156) einen feinen Hefeteig mit Vanillinzucker, Mandelöl und Zitronenschale zubereiten. Damit der Zopf schön feinporig wird, den Teig sehr gut verkneten und lange gehen lassen.

Daraus wird entweder ein schmaler, länglicher Wecken geformt oder ein langer Zopfstrang geflochten. Man bepinselt den Teig mit verquirltem Eigelb und streut dicht Hagelzucker darauf. Nach Belieben kann der Zopf stattdessen auch nach dem Backen mit Zuckerguss überzogen werden.

VARIANTE:

Im Zusammenhang mit den Patenzöpfen liest man sehr häufig das Rezept der Kindbett-, Allerseelen- oder Brautwecken. Im Prinzip ist dies immer ein einfacher süßer Hefeteig, welcher mit Rosinen verknetet und zu Wecken oder Zöpfen geformt wird.

MAGDALENER-KUCHEN

125 g Butter
250 g Zucker
7 Eier
Salz
250 g Mehl
2 TL Backpulver
2 EL Rum
Grober Hagelzucker

Butter, Zucker, Eidotter und Salz gut schaumig rühren und Mehl, Backpulver, Rum dazugeben, kurz verrühren. Eiweiß steif schlagen und zuletzt den steifen Schnee locker unter den Teig heben.
Der Teig wird in eine gefettete Springform gefüllt, dick mit Hagelzucker bestreut und bei 180° C etwa 45 Min. gelbbraun gebacken.

APFELBROT

750 g Äpfel
200 g Rosinen
150 g Zucker
10 ml Rum
150 g ganze Nüsse
500 g Mehl
1 P. Backpulver
1 EL Kakao
2 TL Lebkuchengewürz

Äpfel raspeln und über Nacht mit Zucker, Rosinen, Rum und Nüssen stehen lassen. Mehl und weitere Zutaten zugeben, alles durchrühren und in großer Kastenform für 60 Min. bei 180° C im Backofen backen.

NUSSCREME-TORTE

TEIG:
70 g Zucker
5 Eier
50 g gemahlene Walnüsse
Zimt
Gemahlene Nelken
35 g Semmelbrösel
35 g Mehl

Arrak
Zuckerwasser

CREME:
50 g Butter
140 g Puderzucker
3 Eigelb
Geriebene Walnüsse

Zucker mit Eigelb schaumig rühren, geriebene Walnüsse, Zimt und Nelken hinzugeben. Unter die Masse die Semmelbrösel und das Mehl geben, Eiweiß steif schlagen und locker unterheben.
Den Teig in eine Springform geben und bei 180° C 40–50 Min. backen.
Creme: Butter mit Puderzucker, Eigelb und ein paar geriebenen Walnüssen schaumig rühren.
Nach dem Erkalten die Torte einmal durchschneiden, den unteren Boden mit Arrak und etwas Zuckerwasser reichlich tränken. Beide Hälften mit Crememasse aufeinandersetzen. Oberseite und Rand reichlich mit Creme bestreichen und den ganzen Kuchen mit geriebenen Walnüssen einkleiden.

HEFEKLEINGEBÄCK

Zutaten für einen Hefeteig
Hagelzucker
Eigelb
Mohn oder Nüsse nach Belieben

Wie auf Seite 156 beschrieben einen Hefeteig zubereiten. Anschließend formt man kleine Krapfen oder längliche Nudeln daraus und lässt sie noch etwas gehen. Vor dem Backen mit Eidotter und nach Belieben mit Hagelzucker, Mohn oder Nüssen bestreuen und anschließend goldgelb bei 180° C für 20 Minuten im Rohr backen.

So schrieb eine Dame zum Rezept: *„Eine Schwester meiner Großmutter besaß in Neustadt an der Waldnaab eine Konditorei, in der ein besonderes Gebäck, „Nußcreme", hergestellt wurde. Es war dies keine Torte, sondern ein etwa 5 cm hoher Kuchen, den es z. B. in Weiden nicht zu kaufen gab. Viele Weidner gingen deshalb extra nach Neustadt bis zum 2. Weltkrieg ins Café, um diesen Kuchen zu bekommen. Ein Onkel, der in Rußland gefallen ist, hat in dieser Konditorei gelernt, und ich habe sein Kochbuch in Besitz."*

Das Honiggebäck in Kammform wurde früher zu Neujahr verschenkt, heutzutage wird der Chamer Kampl an verschiedenen Anlässen für besondere Verdienste von der Stadt Cham verliehen. Er soll an den Kamm im Wappen von Cham erinnern. Traditionsbäckereien in Cham backen vor allem als Neujahrsgruß den Chamer Kampl.

CHAMER KAMPL

- 100 g Butter
- 275 g Honig
- 125 g Zucker
- 2 EL Lebkuchengewürz
- 10 g Kakao
- 600 g Mehl
- ½ P. Backpulver
- 1 Ei
- 1 Prise Salz

Butter, Honig, Zucker, Lebkuchengewürz und Kakao in einem Topf erwärmen und gut verrühren, bis sich der Zucker aufgelöst hat. Die Masse abkühlen lassen, anschließend die restlichen Zutaten zugeben und alles zu einem geschmeidigen Teig verkneten. Diesen am besten über Nacht ruhen lassen.

Nach der Ruhephase wird der Teig fingerdick ausgerollt. Mit einem Messer oder mit Hilfe einer Schablone aus dem Teig fünfzackige Kämme (Kampl) ausschneiden.

Man bäckt die Kampl bei 180° C für rund 15 Minuten und bestreicht sie anschließend mit verdünntem Honig.

Nach Belieben können die Kampl mit einer Puderzucker-Eiweiß-Schrift verziert werden. Hierzu einfach zwei Eiweiße mit 350 g Puderzucker steif schlagen.

NUSSSTANGEN

- 125 g Butter
- 125 g Zucker
- 2 Eigelb
- 250 g Haselnüsse
- 150 g Mehl
- 1 Msp. Backpulver
- Etwas Mandelöl

Butter und Zucker mit Eigelb gut schaumig schlagen. Fein geriebene Haselnüsse, Mehl, Backpulver und das Mandelöl zugeben, den Teig rasch verkneten. Diesen anschließend dicklich auswellen und gleichmäßige Stangen abschneiden, die bei 180° C auf einem Backblech für ca. 20 Min. hell gebacken werden.

HASELNUSSSCHIFFERL

2 Eiweiß
180 g Zucker
180 g gemahlene Nüsse
Mandelöl
Vanillezucker
Etwas Kakao
Orangeat oder Datteln

Eiweiß mit Zucker schaumig schlagen.
Nüsse, Mandelöl, Vanillezucker und etwas Kakao zugeben und alles gut unterheben.
Daraus kleine Stränge formen, mit Dattel- oder Orangeatwürfeln befüllen. Diese bei 180° C für ca. 15–20 Min. hell backen.

MAGENBROT

250 g brauner Zucker
1 Ei
Zimt
Gemahlene Nelken
2 EL geriebene Schokolade
500 g Mehl
1 Gläschen Arrak
2 Msp. Hirschhornsalz
2–3 EL Milch
Schokoladenglasur

Braunen Zucker, Ei und Gewürze schaumig rühren. Geriebene Schokolade, Mehl, Arrak, Hirschhornsalz und etwas Milch zugeben, bis ein dickflüssiger Teig entsteht.
Den Teig auf ein gefettetes Blech geben und bei 180° C für circa 30 Min. langsam backen.
Viereckige oder längliche Stücke abschneiden und nach Belieben mit Schokoladenglasur überziehen.

KRÄUTERSEMMELN

500 g Mehl
20 g Hefe
2–4 Eier
1 EL Zucker
Etwas Salz
Etwas Milch
80–100 g Butter
Pfeffer
Muskat
Zwiebeln
Kräuter

Hefeteig mit Salz, Pfeffer, Muskat, Zwiebeln und gehackten Kräutern sehr kräftig würzen und gut verkneten, Teig etwas gehen lassen.
Daraus Semmeln oder spitze Wecken formen, diese nochmals gehen lassen und anschließend im Rohr bei 180° C für ca. 20 Min. goldgelb backen lassen.

KÜMMELSTANGEN

350 g Mehl
100 g Butter
Etwas Sauerrahm oder Milch
Salz
2 TL Backpulver
1 Ei zum Bestreichen
Kümmel

Mehl, Butter und etwas Sauerrahm mit Salz und Backpulver gut verkneten.
Daraus eine dicke Rolle machen, kleine Stückchen davon abschneiden und diese zu bleistiftdicken, kleinen Stangen formen.
Auf ein gefettetes und bemehltes Blech legen, mit verquirltem Ei bestreichen, mit Salz und Kümmel bestreuen und bei 180° C im Ofen für ca. 20 Min. goldgelb backen.

MOHNZEPFL

Zutaten für einen Hefeteig
Milch
Mohn

Wie auf Seite 156 beschrieben einen einfachen Hefeteig herstellen. Den Teig gehen lassen und anschließend daraus kleine Zöpfe flechten. Man bestreicht sie mit Milch und streut Mohn darauf. Nach dem Gehen werden sie bei 180° C für circa 20 Min. hell gebacken.

VARIANTE:

Die Mohnzepfal schmecken als salzige oder süße Variante gleich gut. Je nach Geschmack kann in den Hefeteig entweder mehr Zucker oder mehr Salz gegeben werden.

SPECKZELTN

(Speckkuchen)

Zutaten für einen Hefeteig
2–3 gekochte Kartoffeln

2–3 Eier
150–200 g Speck
Kümmel

Wie auf Seite 156 einen Hefeteig zubereiten, jedoch mit 1 Prise Zucker und 2–3 TL Salz. Diesen mit den gekochten, geriebenen Kartoffeln vermengen, gut verkneten und etwas gehen lassen. Den Teig auf ein gefettetes Blech geben, mit verquirlten Eiern bestreichen, mit Speckwürfeln und Kümmel bestreuen.
Nach Belieben noch geröstete Zwiebeln dazugeben. Bei 180° C für 20–30 Min. goldgelb backen.

Rezept aus Mitterteich, Landkreis Tirschenreuth.

GROBES ROGGENBROT

750 g Roggenschrot
250 g Weizenmehl
50 g Sauerteig
2 TL Salz
¾ l Wasser oder Bier

Das Mehl und der Roggenschrot wird in einer großen Schüssel gemischt. Man rührt den Sauerteig mit ¼ l warmem Wasser glatt und gibt ihn dann in eine Mulde im Mehl. Wenn dieser Teig gegangen ist, gibt man noch ½ l warmes Wasser dazu sowie das Salz und knetet den Teig fest.
Man formt eine Kugel daraus, legt sie in eine bemehlte warme Schüssel, deckt diese zu und lässt den Teig 3 bis 3½ Stunden in der Wärme gehen.
Mit bemehlter Hand formt man zwei Laibe, schneidet sie karoförmig ein, lässt sie nochmals für mindestens eine Stunde gehen und bäckt sie im vorgeheizten Backofen bei 200° C für zwei Stunden.
Der noch heiße Brotlaib wird mit Wasser oder Bier bestrichen.

REGISTER

DANKSAGUNG

FOTO: INGRID BALK-LINTL

Ein ehrliches VERGELT'S GOTT aus ganzem Herzen möchten wir ALLEN sagen, die in irgendeiner Form einen Mosaikstein zum Gelingen unseres „Großen Oberpfälzer Kochbuches" lieferten. Danke für und an …

- Das Übermitteln von Rezepten und Rezeptideen
- Die Überlassung vieler Kochbücher/Rezeptsammlungen für die Recherche
- Geschichten, Erlebnisse aus Oberpfälzer Küchen
- Besondere Zutaten, Fisch- und Fleischsorten zur rechten Zeit
- Das Übermitteln von Namen und Zubereitungshinweisen aus allen Winkeln der Oberpfalz
- Requisiten für die vielen Bilder
- Die Köch*innen und Bäcker*innen beim Herstellen diverser Rezepte
- Konstruktive Testesser*innen bei vielen Probe-Kochaktionen
- Die Korrekturleser*innen
- Ratschläge bei der Zusammenstellung der Kapitel
- Den Verlag und die Mediengestaltung

Ihr wollt mehr über die Klostermühle Altenmarkt erfahren, uns einmal besuchen kommen oder einen Fachplausch über alte Oberpfälzer Rezepte halten? Natürlich freuen wir uns immer über – neue Gäste und Kunden, spannende Begegnungen und Ideen, konstruktive Kritik und Anregungen!

Klostermühle Altenmarkt | Altenmarkt 6 | 93413 Cham

Für aktuelle Neuigkeiten folgt uns in den Sozialen Medien oder besucht uns auf unserer Homepage.

Instagram: klostermuehle.altenmarkt
Homepage: www.klostermuehle-altenmarkt.de
E-Mail: info@klostermuehle-altenmarkt.de